国家社科基金
重大项目成果

国家出版基金项目

对外汉语教学语法丛书

◎**总主编** 齐沪扬

时间副词

李铁范 ◎主编 ｜ 李 翠 ◎著

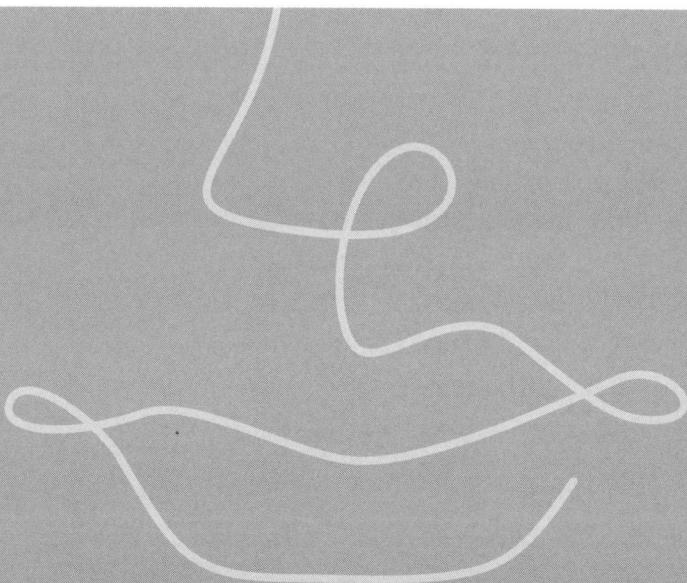

北京语言大学出版社
BEIJING LANGUAGE AND CULTURE
UNIVERSITY PRESS

© 2024 北京语言大学出版社，社图号 24066

图书在版编目（CIP）数据

时间副词 / 李铁范主编；李翠著. -- 北京 ：北京
语言大学出版社，2024.6
（对外汉语教学语法丛书 / 齐沪扬总主编）
ISBN 978-7-5619-6090-5

Ⅰ．①时… Ⅱ．①李… ②李… Ⅲ．①汉语－副词－
对外汉语教学－教学研究 Ⅳ．①H195.3

中国国家版本馆 CIP 数据核字 (2024) 第 106098 号

时间副词
SHIJIAN FUCI

排版制作：北京光大印艺文化发展有限公司
责任印制：周　燚

出版发行：北京语言大学出版社
社　　址：北京市海淀区学院路 15 号，100083
网　　址：www.blcup.com
电子信箱：service@blcup.com
电　　话：编 辑 部　8610-82303647/3592/3395
　　　　　国内发行　8610-82303650/3591/3648
　　　　　海外发行　8610-82303365/3080/3668
　　　　　北语书店　8610-82303653
　　　　　网购咨询　8610-82303908
印　　刷：北京联兴盛业印刷股份有限公司

版　　次：2024 年 6 月第 1 版　　印　　次：2024 年 6 月第 1 次印刷
开　　本：787 毫米 × 1092 毫米　1/16　印　　张：13.25
字　　数：242 千字
定　　价：68.00 元

总　序

　　摆在读者面前的，是国家社科基金重大项目"对外汉语教学语法大纲研制和教学参考语法书系（多卷本）"（17ZDA307）的所有成果。这些成果包括大纲系列 4 册、书系系列 26 册、综述系列 8 册，以及选取研究过程中发表的一部分优秀学术论文集辑而成的论文集 1 册，共计 39 本著作，约 700 万字。这个项目的研制，历时 5 年有余，参加的研究人员多达 50 余人，来自国内和海外近 30 所高校。

　　2017 年 11 月，全国哲学社会科学工作办公室正式公布"2017 年度国家社科基金重大项目立项通知书"。2018 年 4 月 14 日，国家社科基金重大项目"对外汉语教学语法大纲研制和教学参考语法书系（多卷本）"的开题报告会举行。2019 年 8 月，2017 年度国家社科基金重大项目中期检查评估报告提交，2023 年 1 月召开课题结项鉴定会。

　　根据专家组意见，特别是专家组组长赵金铭教授两次谈话的意见，按照全国哲学社会科学工作办公室立项通知书上的要求，本项研究牢固树立问题意识、创新意识和精品意识，立足学术前沿，体现有限目标，突出研究重点，注重研究方法，符合学术规范。项目的执行情况、所解决的问题和最终成果如下：

　　大纲、书系和综述是主要的研究成果。三类不同的成果面对的读者是不一样的：大纲是给教师教学与科研使用的，同时也顾及学习汉语、研究汉语的一些国际学生；书系主要是给在一线教学的对外汉语教师看的，以解决这些教师在教学过程中的实际问题为目的的；综述是对大纲和书系的补充，主要面向对外汉语教师、汉语国际教育专业研究生和本科生，以及需要进一步了解、研究相关领域的群体，为这些人继续研究相关问题提供材料和方法。三种不同的读者群体决定了三类成果的不同写法。

1. 大纲研制

大纲研制的最终成果是两套大纲：分级大纲（初级大纲和中级大纲）和分类大纲（书面语大纲和口语大纲），共 4 册。语法大纲不局限于语法知识本身，而是以学习者语言能力的培养为目标。凡是能促进学习者语言能力的语法项目都应析出为大纲的项目。语法项目的编排依据的是语法形式，使用条件式来描述细目的功能。使用条件式有利于促进语法知识转化为语言能力。

分级大纲中语法项目的等级不宜简单理解为语言本身的难度区分，更应理解为习得过程性的内在要求。以促进学习者生成语言能力为目标，支持学习者语言能力生成的语法项目都应列目，项目编排以语法结构为基础，细目的描写以促进语言能力生成为重。大纲体现习得的过程性，总体上为螺旋形呈现。

目前对外汉语教学和科研依据的都是通用语体的语法大纲，至今尚没有分语体的大纲问世，这种状况显然与发展迅速的第二语言教学事业不相适应。书面语语法大纲和口语语法大纲的研制，填补了大纲研究的空白，在今后的教学指导、教材编撰、汉语水平测试等方面，都能发挥很大的作用。

2. 书系研发

我们在全国范围内分三批次遴选和推荐了撰稿人，这些撰稿人都有长期从事对外汉语教学的经历，且都是语法专业背景出身。从目前情况看，学术界和教学界都需要这一类书，这套书也具有填补空白的作用。而且，这套书是开放性的，条件成熟了可以再继续做下去，达到 30 本到 50 本的规模，甚至再多一些都是可能的。

书系的研发应以"语法项目"作为书名，不求体系完整，成熟一本撰写一本；专业性不能太强，要考虑到书系的读者需求，他们阅读这本书是为了解决教学上的问题，除了必要的理论阐述和说明之外，要尽量早一点儿切入到教学中去；提出的问题要切合教学实际，60~80 个问题，其实就是这本书的目录，有人来查，很快就能对症下药，找到自己想要的东西；提的问题要有针对性，要有实用性，针对学生的水平等级，围绕这个语法项目，把教学上可能遇到的问题按等级排序。总之，这是一套深入浅出的普及性小册子，一定会受到广大对外汉语教师的欢迎。

3. 综述编著

按照标书要求，阶段性成果包括两套综述汇编。编著这两套综述汇编，首先是项目研制的需要，是和大纲研制、书系研发互相支撑、互相配合的；其次是近 20 年的综述汇编，学术界和出版界均尚无相关成果问世，很多研究者迫切需要这方面的资料；最后是这套综述汇编的写法与其他综述成果不同，两套综述不仅仅是"资料汇编"，里面更有很多作者的评议和引导，是"编著"类的"综述"，这类"综述"其实是不多的。这样的写法比目前在做的或者已经出版的"综述"要科学得多，实用得多。

综述分为两套：《近 20 年对外汉语语法教学研究》和《近 20 年汉语作为第二语言语法习得研究》。综述的主要读者应该是研究者，是关心该领域的研究者，作者收集的材料要尽可能齐全，作者所做的分析要有依据，作者做出的解释要能让研究者信服。两套综述都能做到对相关问题做出梳理，述评结合，突出评价的学术性、原创性和实用性，力图使读者对相关论题有一个全面的认识和深刻的思考，并为进一步的研究提供方向。

对上述这些成果的介绍只能点到为止，事实上，具体到每一本著述，都是有必要重点介绍的。好在每套书都另有主编，请读者自行阅读每套书的主编写的"序"吧。我这里还想向读者介绍的是这些著述的作者们，没有他们，这些成果难以问世。

本项课题涉及面广，研究人员多，在最初填写招标书时我们已经意识到了："本项研究工程浩大，……大纲和书系非一校之力可完成，将集中全国不同高校共同承担。"本课题前后参加研究的人员有 50 多人，分布在国内及海外近 30 所高校。如何将这些研究人员组织起来，集思广益，凝神聚力？课题组在"集全国高校之力"上，下了大力气。

原先设想由某个高校具体负责某块项目研究，但该想法在实际操作中遇到了问题。开题报告会后，课题组调整后的组织方式体现出优势来。四个研发小组的组长取代了原来子课题负责人的职位和功能，优势体现在：他们面对的是具体的项目，而不是具体的研究人员；他们针对项目选取研究人员，而不是为已有的研究人员配备研究内容；他们可以从全国高校选择自己相中的研究人员，而不需采取先满足校内再满足校外的程序和方式。人尽其才，物尽其用，效率提高，质量保证，自然是意料之中的结果。例如，书系组的 20 多位作者来自 15 所高校，综述组的作者来自 12 所高校。这是第一个方面。

第二个方面，就是充分利用会议的机会，将会议定位于有目标的会议、有任务的会议，让会议开出成效来。自课题立项之后，围绕着课题的研究进展，课题组已经开过多次会议。一是一年一度的"教学语法学术讨论会"，课题组所有人员都参加，至今已经开过多届：淮北（2017）、扬州（2018）、南宁（2019）、黄山（2020），等等。二是一年多次的课题专项讨论会，有需要就开。如在杭州，就分别开过综述组、数据平台组、书系组的专项讨论会；在南京、上海都开过大纲组的专项讨论会；2020 年 7 月，在腾讯会议上开过两次大纲组的专项讨论会；等等。这些会议目标明确，交流便捷，解决问题能力强，时间跨度短，是联络不同高校研究人员的好方式。

这套书的所有主编和作者都十分尽力。对外汉语教师的工作量很大，大多数人都有每周 10 节以上的课时量；况且，大多数人的手上还有自己的科研项目要做，还有自己指导的研究生的论文要看，还有各自的不同研究论文要写。种种忙碌和辛苦之中，要挤出这么多时间和精力，去从事另外一块研究任务，还是高标准、有要求、无报酬的研究任务，如果没有一种对对外汉语教师这个职业的由衷热爱，没有一种为对外汉语教学事业做点儿贡献的精神支撑，他们是断然不可能接受这样的研究任务的。更何况有些作者接受了两项不同的研究任务，研究强度和研究压力可想而知。因此可以这么说，这些成果渗透着作者们的辛劳，饱含着作者们的心血，每一本都是"呕心之作"，这样的赞誉是得当的。

北京语言大学出版社是这个项目的合作者和推动者。项目立项不久，出版社和课题组就有过接触。出版社前后两任社长和总编辑都向课题组表过态，希望这个课题的所有成果能在北京语言大学出版社出版，出版社愿意为课题的宣传、推广、出版尽责任，做贡献。2020年1月，课题组和出版社有过进一步的密切联系，敲定了详细的合作计划。2022年3月，出版社申报的"对外汉语教学语法丛书"成功入选2022年度国家出版基金资助项目。这些成果的出版，没有出版社的支持是做不到的。

再次感谢在漫长的研究过程中给予我们支持、帮助的所有老师和朋友。

对于这套教学参考语法书系，这里想重点介绍下这套书系的编撰特点和编撰原则。编撰特点可以归纳为以下四点："设计理念要接受多元的语言学理论指导""编撰方针是两种语法分析方法的结合""结构框架要考虑本体研究和教学研究的需要""问题设计要以'碎片化'语法为主"。关于这四点的具体阐述就不再展开了，事实上读者通过这四点已经可以大致了解这套书系的编撰理念了。入选的26本专著选取了不同的语法项目作为书名，面对不同的主题，每本书都会在不同层面、不同角度、不同对象上反映出这套书系的整体面貌和阐述形式，以及结构框架和问题设计，值得一读。

这套教学参考语法书系两个必须遵守的编撰原则是普及性和实践性。普及性原则体现在要做到对读者进行语法知识的普及。语法知识普及要考虑两个方面的问题：一是理论知识的普及，一是语法术语的普及。书系的编写还要遵守实践性的原则，这个原则体现在三个方面：一是面向教学实践，二是面向教师群体，三是面向教学语法。这套书系不以学术高度与理论深度为目标，而以是否能够解决实际问题为标准。出版这样的系列丛书尚属首次，相信普及性原则和实践性原则会使这套书系更接地气，更受欢迎。

教学参考语法书系研发是和汉语教学语法大纲研制平行的、互相支撑的一项研究，书系是以大纲为参照编写的，作为本体研究和教学研究的重要工具书，是对大纲的深化和阐述。书系书目的确定，编写方式的确定，以至于作者队伍的确定，都尽量做到和大纲的研制同质同步。当然，由于书系服务的目标人群和大纲不完全一样，作者会更多地关注语法教学的实效性，对具体问题的一些处理，可能会有与大纲不同的地方，这一点也是需要说明的。

谨以此作为总序。

齐沪扬

初稿于 2020 年 7 月

二稿于 2022 年 5 月

三稿于 2022 年 12 月

序

2017年，齐沪扬教授主持的国家社会科学基金重大项目"对外汉语教学语法大纲研制和教学参考语法书系（多卷本）"（17ZDA307）获得批准，我有幸作为子课题（四）的主持人和"对外汉语教学参考语法书系（多卷本）"第一辑的主编身份参与了课题的研究工作。呈现在大家面前的第一辑四本专著就是课题的重要成果之一。

"对外汉语教学参考语法书系（多卷本）"第一辑四本专著以虚词为主题，以"一点一书"的形式呈现，由《语气副词》《范围副词》《时间副词》《介词》组成。虚词意义比较空灵，用法复杂，具有鲜明个性，一直是汉语语法研究的重点，受到学界的广泛关注。副词和介词是虚词的重要类别，因其内部类别、成员多样而复杂，以及与外部其他词类之间关系的交叉性和易混淆性，造成了理论上对它们的认识还不深入、不全面，实践上对它们的用法还有模糊乃至说不清的现象，始终是研究中的焦点、对外汉语教学中的重点、学生学习的难点。基于此，我们选取了语气副词、范围副词、时间副词和介词作为第一辑的研究对象。从第一辑的题目看，语法项目有大有小，有的是下位次类的语法项目，如"语气副词""范围副词""时间副词"；有的是作为"类"的语法项目，如"介词"。《语气副词》由北京华文学院的陈晓蕾博士撰写，《范围副词》由日本小樽商学院的章天明博士撰写，《时间副词》由上海政法学院的李翠博士撰写，《介词》由南京师范大学的李贤卓博士撰写，四位作者都是多年在对外汉语教学一线的骨干教师，也是多年致力于对外汉语教学语法研究的学者。从研究内容上看，四本专著主要围绕着"理论""习得""教学"逻辑展开，综观之，它们具有以下特点。

一是应用的实用性。本专辑四本专著立足于语料库和习得偏误分析，在研究手段、语料运用上都和理论语法专著、汉语语法教科书、专题论文不同，是从新的《对外汉语教学语法大纲》出发，是对大纲的深化和阐述，是配合《对外汉语教学语法大纲》的，是具有科学性、系统性的一套教学参考用书。书系主要面向对外汉语教学的教师，目标是让二语者习得语法规则，能用汉语交际，这就决定了对外汉语教学语法书系必须突出实用性。实用性原则要求教学语法书系的编写者要充分考虑学习者的自身特点，解决他们学习中的问题和需求，尽量把汉语学习的重点和问题包括进来，方便教师找到疑难问题的答案，解决教学和学习中遇到的实际问题。

作者把一个语法研究项目变成一本对外汉语教师喜欢的、普及性的专著，重点在"深入浅出"上下功夫。具体说，对二语者所讲的规则应有充分的使用条件、明白易懂的解释、清楚并容易模仿的例子。这样的规则在书中得到了较好体现。一般都是从句法、语义、语篇、语用等角度进行综合考察，详细解释，没有教条式的长篇理论论述，更多的是给二语者有用的、贴近事实的知识。在文字上，做到通俗易懂，既要让一般教师看得懂，还要考虑让水平较高的留学生看得懂。和语法本体研究的写法不同，没有在概念上打转转，较少用本体研究中的术语，不用晦涩难懂的长句，举的例子通俗易懂，例子都有出处。尤为可喜的是作者都重视教学实践，突出"教什么？""如何教？"。因此在教学部分设计了具体的教学案例，采用多种教学方法，直观地展示了教学的每一步，这就大大增强了教学的实用性。

二是内容的学术性。学术性是四本专著的基本底色。对外汉语教学语法书系虽是面向教学的专著，但体现了鲜明的学术性，尽可能地运用新方法，掌握新理论，吸纳新观点。运用新方法，正如课题首席专家齐沪扬教授所说，从对外汉语教学的需要看，在缺乏汉语语言环境的国家，以规定性语法分析方法为基础教授汉语，有利于为学习者提供一个正确的语言范本，尤其是在初级阶段。描述性语法更注重一种约定俗成，更关注语言的变迁，但这种语言变迁与文化息息相关，密不可分，具有很强的时代性。而这种时代性又正是汉语学习者所需要的，特别是高级阶段的学生。在这样的理论背景下编撰参考语法书系，以规定性语法分析为基础，以描述性语法分析为参考，也就是说，作为教师，以规定性语法分析方法为基础教授汉语，但也必须不断学习和了解描述性语法分析方法，了解语言的变化。这一思想在四本专著中得到了认真贯彻，四位作者做到了规定性语法分析方法和描述性语法分析方法的有机结合。

掌握新理论是二语教学提出的新要求。对二语教学具有重要影响的理论有二语习得理论、中介语理论。比如，二语学习中的"偏误"，它反映了大脑认知机制及运行轨迹，"偏误"具有系统性，属于语言能力范畴。在教学中，运用中介语理论，进行偏误分析，适当进行汉外对比，找出汉外语言异同，概括出两种语言的相关规则，找出偏误原因，可以探索汉语二语的认知机制，并促进教学。所以书系编撰中，作者把学习者中介语作为一种现实存在的语言系统来考察，成规律、成系统地解决学习中的偏误问题。

吸纳新观点主要体现在理论阐述部分，作者在充分总结归纳汉语语法学界关于语法研究的规范成果的基础上，尽量吸收本体研究最新成果，体现成果的时代性。

三是方法的创新性。创新性是时代对书系编撰提出的课题。在书系编撰中，作者都重视研究方法的创新，较好地运用大规模语料库和计算机检索软件，做到定量分析和定性分析结合，以定量分析为主，发挥语料库的功能，获取实证数据作为研究的依据，力求做到体现出教学语法的科学性和时代性。方法的创新性还体现在书系的设计上，书系的撰写是以具体问题呈现的，题目设计主要基于教学中存在的重点、难点和焦点，具有很强的针对性，切合教学实际，一般 50～80 个题目，方便对外汉语教师教学使用。同时，四位作者都重视写法的创新，每本书中都设计了一些学习者学习过程中常见的偏误以及易混淆副词或介词的辨析，把副词或介词的理论、语言习得和教学三者有机结合起来，体现了系统性。尤为难得的是作者能根据信息时代要求，关注多媒体信息技术在对外汉语教学中的运用，积极开展慕课（MOOC）教学，体现了鲜明的时代性特点。

书系第一辑能够顺利完成，首先要感谢课题首席专家齐沪扬教授，齐先生既是国内外著名的对外汉语语法研究专家，也是一位优秀的科研团队领导者，他的学术影响力和人格魅力把一批有志于对外汉语教学语法研究的海内外学者集聚在一起，协同攻关，在此，我们向齐沪扬教授致以崇高敬意！

第一辑的作者陈晓蕾博士、章天明博士、李翠博士、李贤卓博士贡献了他们的智慧，付出了艰辛的劳动。他们都有繁重的教学、科研任务，为了书系撰写经常加班加点，没日没夜，我为他们这种敬业奉献精神所感动。胡建锋博士在编撰中给予了许多理论和方法指导，倾注了大量心血，在此，我也向他表示衷心感谢！

由于我们没有成熟的经验，加上我的学力和组织能力有限，书系第一辑的编撰还有不足之处，敬请学界专家学者批评指正！我们的态度是真诚的，工作是认真的，希望我们的成果早日问世，更好地为对外汉语学界提供服务和帮助。

是为序。

李铁范

2022 年 5 月 22 日于黄山

目　录

前　言 / 1

第一部分　属性及认识 / 12

1. 怎么理解时间副词？ / 12

2. 时间副词有哪些类别？ / 14

3. 时间表达与时间副词有什么关系？ / 17

4. 时间名词与时间副词如何区分？ / 20

5. 时间副词与语气副词如何区分？ / 24

6. 时间副词与范围副词如何区分？ / 27

7. 时间副词与其他词类如何区分？ / 30

8. 时间副词有哪些句法功能？ / 33

9. 时间副词有哪些语用功能？ / 37

10. 时间副词有哪些语篇功能？ / 40

11. 时间副词有哪些重叠类型及重叠前后的语义差异？ / 44

12. 时间副词基式和重叠式有哪些句法语用差异？ / 47

第二部分　连用及搭配 / 51

13. 时间副词能与其他类别的副词连用吗？ / 51

14. 时间副词能与名词连用吗？ / 55

15. 同类时间副词能连用吗？ / 58

16. 不同类时间副词能连用吗？ / 62

17. 时间副词有否定形式吗？ / 66

18. 时间副词的肯定和否定是对称的吗？ / 68

19. 时间副词与动态助词如何搭配使用？ / 72

20. 时间副词能与动词重叠式组合吗？ / 75

21. 时间副词修饰形容词有哪些限制？ / 78

第三部分　多功能词辨析 / 83

22. "你怎么才来就要走？"与"你怎么才来？"中的"才"有什么

　　不同？ / 83

23. "才五点""都五点了""就五点了"有什么不同？ / 86

24. "明天就走""明天再走""明天才走"有什么不同？ / 89

25. "就老王不会跳舞""老王马上就会跳舞了""老王就不会跳舞"

　　中的"就"有什么不同？ / 93

第四部分　易混淆词辨析 / 96

26. "他刚从这里走过"与"他刚才从这里走过"有什么不同？（上）/ 96

27. "他刚从这里走过"与"他刚才从这里走过"有什么不同？（下）/ 99

28. "他刚工作三年，就升职了"与"他刚刚工作三年，就升职了"

　　有什么不同？ / 103

29. "他快要来了"与"他就要来了"有什么不同？　/ 106

30. "饭已经凉了"与"饭都凉了"有什么不同？　/ 110

31. "我还要一碗面"与"我再要一碗面"有什么不同？　/ 113

32. "再喝一杯"与"又喝了一杯"有什么不同？　/ 117

33. "小王又来了"与"小王也来了"有什么不同？　/ 120

34. "他不再来了"与"他再不来了"有什么不同？　/ 123

35. "他一直在看电视"与"他总在看电视"有什么不同？（上）/ 126

36. "他一直在看电视"与"他总在看电视"有什么不同？（下）/ 129

37. "他一直很努力"与"他一向很努力"有什么不同？　/ 132

38. "他总是迟到"与"他老是迟到"有什么不同？　/ 135

39. "他在吃饭""他正吃饭""他正在吃饭"有什么不同？　/ 139

40. "他已经去过上海了"与"他曾经去过上海"有什么不同？　/ 142

41. "他常常一个人去逛街"与"他往往一个人去逛街"有什么不同？　/ 146

42. "他常常六点钟起床"与"他通常六点钟起床"有什么不同？　/ 149

43. "他立刻就来了"与"他马上就来了"有什么不同？　/ 154

44. "我一时不知道怎么回答"与"我暂时不知道怎么回答"有什么不同？　/ 157

第五部分　偏误用词辨析 / 160

45. 为什么不能说"他从来迟到"？　/ 160

46. 为什么不能说"这是很常常见的"？　/ 164

47. 为什么不能说"请你顿时给他打个电话"？ / 166

48. 为什么不能说"院子里时时静悄悄的"？ / 169

49. 为什么不能说"他再三获奖"？ / 171

50. 为什么不能说"你们要每每来"？ / 174

第六部分　教学及应用 / 177

51. 如何对时间副词进行讲解？ / 177

52. 如何在时间副词教学中使用多媒体技术？ / 179

53. 时间副词的慕课（MOOC）教学应如何进行？ / 182

54. 如何使用任务型教学法进行时间副词教学？ / 184

55. 如何设计时间副词的练习？ / 187

参考文献 / 191

前　言

　　齐沪扬教授于 2017 年成功获批国家社科基金重大项目"对外汉语教学语法大纲研制和教学参考语法书系（多卷本）"（17ZDA307），项目包括两项重要研究内容：对外汉语教学语法大纲的重新研制和教学参考语法书系的编写出版。这两项内容相结合，能够为汉语教学提供很大帮助。书系以"一点一书"的形式呈现，一个知识点编写一本教学参考书，力求为所涉及知识点的教学提供全面的参考和指导。《时间副词》是该书系的组成部分。

一、为什么选择时间副词

　　选择时间副词作为研究对象是因为时间副词是现代汉语副词中一个十分重要的次类，不仅在数量上占据着很大优势，而且在现实表达中也起着非常重要的作用，一直是汉语语法学界关注度较高的语法问题之一，也是对外汉语教学中的难点之一。

　　从语言类型角度看，时间表达在人类语言中具有普遍性，由于汉语缺乏严格意义上的形态变化，汉语动词本身无法通过形态变化表示时间概念，时间副词就成为汉语时间表达系统的重要组成部分。此外，现代汉语中的时间副词由于表意多样且虚化程度不一，在句法、语义、语用等层面上也呈现出多样性和复杂性。时间副词在诸多功能上与其他词类及副词中的其他次类存在交叉，这也进一步增加了时间副词的习得难度。因此，我们认为时间副词内部成员的多样性和复杂性，以及其与外部词类之间的交叉性和易混淆性是时间副词难教难学的主要根源。

1.1 时间副词内部构成的多样性和复杂性

时间副词内部成员众多，内部不同小类在句法、语义和语用上的表现差异明显。例如时间副词的主要句法功能是做状语，但也存在做定语、做宾语等非典型句法功能，像定时时间副词"曾经"除了可以做状语外，还可以做定语，构成"曾经的你"这种表达，不定时时间副词"已经"却没有这种句法功能。

除了受到类别影响之外，时间副词还会因为音节数量不同而表现出功能差异。例如双音节和三音节的时间副词可以位于主语前充当句首状语，但单音节时间副词基本上不能像双音节和三音节的时间副词那样灵活，它一般只能居于主语之后、谓语动词之前。此外，在词的组合上，音节的制约作用也尤为突出，如"这段时间交通事故频发"中的"频"，尽管其与双音节的"频频"表意相同，但"这段时间交通事故频频发"这一表述却不合法。

这里的音节数量问题还反映了现代汉语中近义时间副词众多这一事实，近义词在提升语言表达多样性的同时，也增加了学生在学习过程中对这些词进行辨析的难度。近义时间副词除了上述提到的音节差异之外，还在句法、语义和语用等层面存在诸多功能差异。例如"立刻"和"马上"是现代汉语中使用频率非常高的一组近义时间副词，它们在时间意义的表达上有很多共性，很多情况下可以互换，但这并不意味着二者的用法完全相同。在语义上，"马上"具有一定的时间跨度，而"立刻"没有；在谓词的选择倾向、与名词的组合、与否定副词的组合以及句式的使用倾向、语义指向及语体选择、主观性差异、语篇关联等方面，二者均有不同表现。（唐依力，2011）

此外，有些时间副词句法表现多样，表意复杂，甚至还具有兼类的属性，即同时属于不同类型的副词。例如时间副词"才"，在句法表现上，它既可以用于谓语动词之前，也可以用于表示时间的名词或名词性短语之前；在语义表达上，它既可以表示时间短、数量少、范围窄、等级低、差距小等，即减值表达，也可以表示时间长、数量多、距离远等，即增值表达。值得注意的是，"才"是一个多功能副词，有时是时间副词，有时是语气副词，具体的词性判断需要结合句法、语义和语用等因素综合考虑。

一方面，现有的汉语教材中对于时间副词的编排还缺乏一定的系统性，无法较好地呈现出时间副词的内部共性和特点；另一方面，教材中不能不提及时间副词的个体差异并对它们进行对比，否则不利于学生对于具体时间副词的掌握。因此，如何平衡系统性和个体差异就成为摆在汉语教材编写面前的最主要的问题。此外，在教材及教学中，充分的语用解释也可以提高时间副词教学的针对性和有效性。

1.2　时间副词外部关系的交叉性和易混淆性

作为现代汉语中重要的时间表达手段之一，时间副词与其他表达时间义的词类之间也会产生关联，具体表现为与表达时间义的名词、形容词、区别词、动词等在句法上存在相似性。由语义特征所带来的句法相似性往往会让学生混淆时间副词与其他词类，从而不能很好地掌握时间副词的功能特征，对其正确使用时间副词产生干扰。其中讨论较为频繁的是时间名词和时间副词的区分问题，时间名词和时间副词一般都可以充当状语，此时二者的差异并不明显，那二者的根本区别在哪里呢？我们需要从句法、语义等角度通过对比寻找它们的不同。从句法上看，时间名词具有名词的典型特征，除了具有时间性外，还具有事物性，可以做主语、宾语、定语，还可以做状语；而时间副词的主要句法功能是做状语，不具有事物性。从语义上看，尽管时间名词和时间副词都可以表达时间意义，但是二者的语义侧重点不同，时间名词侧重于时点、时段等时制表达，而时间副词侧重于时态表达。另外，时间副词除了表达时间义外，还可以带有一定的情态义，这是时间名词所不具有的表意功能。

现代汉语副词内部种类繁多，各家的分类标准及各类的范围不尽相同，不同类别的副词在语法功能上既具有共性，也具有个性。某些时间副词会与范围副词、语气副词产生交叉，从而带来识别和使用的困难。例如，"都"是一个多功能副词，既可以用作时间副词，也可以用作范围副词和语气副词，但是用作不同类别副词时的句法和语义功能差别较大。当表达已然义时，"都"所在句子的末尾通常要用"了"，如"都十二点了，还不睡"，其中的"都"是时间副词；当表示总括全部时，"都"是对特定范围的人或物的限定，如"大家都要去"，其中的

"都"是范围副词；"都"还可以表达"甚至"之义，此时"都"一般需要轻读，如"我都不知道你会来"，其中的"都"是语气副词。

此外，可以充当状语是副词的典型句法特征，总体而言，不同类别的副词可以共现和连用，并且根据主观倾向强弱、语义辖域宽窄等因素遵循着一定的共现顺序。例如语气副词往往是对句子所表达的基本命题的主观评价和态度，表达说话者的主观情态，它跟谓语动词关系相对疏远；时间副词则是句子所表达的基本命题的时态的重要参照，它限制了命题的时态，跟谓语动词关系比较紧密。因此，充当状语时，语气副词通常位于时间副词之前。不同类别副词的语法属性决定了它们在连用时的顺序，学者们根据语言事实归纳出的这些连用规则是针对大多数情况而言的，会存在少数例外，但不能因为少数情况而否认共现语序的存在。例如时间副词通常位于表总括范围的副词前面，但也有不少时间副词可以与表总括范围的副词互换位置，此时，这些时间副词多少会含有［＋方式］的语义特征，如"立刻、马上、忽然、渐渐、逐渐"等除了表达时间义外，还可表示方式，它们既可以位于"都"前面，也可位于"都"后面；还有极少数时间副词只能位于表总括范围的副词之后，这些时间副词虚化程度较高，专门表示时态，如"刚、在、正、正在"等与表总括的"全"共现时只能位于"全"之后。

上述时间副词同其他词类和副词中其他小类之间的种种功能交叉使得内部功能本就纷繁复杂的时间副词在外部联系上所涉及的问题更加多元，时间副词在某些特定情况下与其他成分组合时的语序灵活性也增加了学生学习的难度。因此，在教学过程中需要注意对时间副词相关知识点的分解和综合，既要注意到类别间的共性特点，又要注意到个体间的功能差异，有针对性地做到整体和局部的结合。

二、时间副词的研究状况

有关时间副词的研究集中于本体研究和教学研究两个领域。

2.1 本体研究状况

现代汉语本体中关于时间副词的研究成果比较丰富，主要从宏观和微观两个角度展开。宏观角度的研究是将时间副词作为一个整体来考察，侧重词类共性；微观角度的研究着眼于时间副词的某一语法属性或内部某一小类，甚至个别时间副词，从句法、语义、语用等方面对其功能展开讨论。

　　宏观角度的研究主要关注时间副词的界定及其范围，以及时间副词的再分类等。对于时间副词的界定及其范围，目前学界并未达成共识，尤其是对于时间副词的定义，很少有学者给出明确说明，多是通过列举等方式展示其内部构成。由于缺乏明确的概念界定，时间副词的再分类也是标准多样，种类繁多，意见不一。主要研究有黄河（1990）、徐国玉（1994）、李泉（1996，2002）、李少华（1996）、陆俭明和马真（1999）、张谊生（2000）、邹海清（2010）、杨荣祥和李少华（2014）等。整体看来，随着对时间副词认识的加深，分类标准由单一的意义标准变为句法语义相结合的标准。在时间副词的判定上，也开始从句法、语义、语用三个平面出发，对同样具有时间义的时间名词、形容词、动词、区别词等与时间副词进行了区分。（冯成林，1981；李泉，1996；李少华，1996；张谊生，2000；张亚军，2002a）

　　此外，在时间副词的范围上，学者们也尚未形成一致观点，差异主要表现在表频率和表重复的副词的归属上，是将表频率、表重复的副词归入时间副词，还是将时间副词与表频率、表重复的副词分开来作为独立的副词小类？不同学者所提出的时间副词内部系统构成各不相同。有的将表频率、表重复的副词划归到时间副词中，如李泉（1996）、陆俭明和马真（1999）等；有的将表频率、表重复的副词与时间副词看作两类副词，如刘月华、潘文娱、故铧（1983）；有的将时间副词、频率副词、重复副词作为相互独立的三个副词小类来看待，如张谊生（2000）。

　　微观角度的研究既包含小类研究，也包含个案研究。小类研究涉及两方面的内容：一是在某一特定句法环境（通常指状语位置）中考察时间副词与其他副词的连用情况及共现顺序，主要文章有黄河（1990）、张谊生（1996a）、袁毓林（2002）、史金生（2011）等；二是考察某一特定类别时间副词的语法意义和特点，涉及的时间副词小类有句主前时间副词、"逐渐"类时间副词、后时时间副词、频率副词等，主要文章有李敬国（1998）、史金生（2002）、王红斌（2004）、吴春相和丁淑娟（2005）等。

个案研究也包括两方面的内容：一是针对个别时间副词的研究，如"正、才、永远、曾经"等，主要文章有史锡尧（1990a，1990b）、王志（1998）、张谊生（1996c，2003）；二是对多个时间副词进行综合比较分析，主要文章有白梅丽（1987）、史锡尧（1991）、郭春贵（1997）、郭风岚（1998）、张谊生（1999）、关键（2002）等，这方面的对比研究也一直是时间副词研究中的重点，可以深化对特定时间副词语法功能的认识，对于更加全面地掌握和使用这些时间副词具有一定的指导意义。

在汉语本体研究中，时间副词的研究内容不断细化，研究方法不断更新，研究者们不只关注共时层面的语言问题，还将语法化等理论引入时间副词研究中，考察时间副词的历时演变，使得现代汉语时间副词的研究在深度和广度上得到了进一步拓展。值得注意的是，随着时间副词本体研究的深入，尤其是个案研究的不断深化，相关研究成果对汉语教学提供了一定的参考，但整体而言，由于学界对时间副词在上述某些问题上并未形成统一的标准和观点，相关研究成果对汉语教学的直接指导显得极为有限。

2.2 教学研究状况

现有的时间副词教学研究主要围绕以下三个方面展开：偏误研究、习得顺序研究及教学策略研究。偏误研究多见于对某一小类时间副词及一个或几个特定时间副词使用偏误的分析，如辛永芬（2001）对留学生使用"已然"类时间副词时与"了"共现与否的偏误研究、脱傲（2006，2007）对几组时间副词及频率副词的偏误研究、皇甫素飞和郭筱旭（2014）对过去类时间副词的偏误分析、周小兵和薄巍（2017）对时间副词"才"与句尾"了"共现偏误的跨语言分析。此外，还有一系列针对某类母语学习者偏误类型的研究。时间副词的习得顺序研究主要聚焦于个别时间副词。有的只针对某类母语学习者，如李晓琪（2002）对以英语为母语的汉语学习者习得"再、又"的情况进行了调查，总结出了英语母语者习得"再"和"又"的顺序；有的则针对泛母语学习者，如黄露阳（2009）考察了外国留学生对副词"就"的六类用法的习得顺序及使用特点，并将留学生的习得顺序与教材编排顺序、留学生的习得与汉族儿童的习得分别进行了对比，刘佳（2009）对多功能副词"才"的习得顺序进行了研究。有关时间副词的教学策略的研究数量不多，而且很少有学者将其作为独立的研究对象，教学策略的讨论通常附着于偏误分析或教学语法分析，作为这二者的补充。比如：脱傲（2006）通过对几组时间副词的偏误分析，提出了时间副词的教学原则及方法；宁晨（2010）对对外汉语教学中"刚、刚才、刚刚"这三个特殊近义词进行了语法分析，并对其教学进行了思考；皇甫素飞、郭筱旭（2014）在对过去类时间副词进行偏误分析的基础上，提出了相应的教学策略。

另外，从二语教学出发，周小兵、薄巍（2017）还提到了理论语法与教学语法的不同，以及国别化教学的问题。他们认为本体语法中对时间副词"才"与句尾"了"不共现的语法解释在教学中缺乏可操作性。此外，该偏误对不同母语背景的学习者来说不具有普遍性。因此，时间副词"才"在教学语法和国别化教学中应给予区别对待。

相对于本体研究，时间副词的教学研究非常薄弱，这与时间副词的体量不相符，不仅在研究成果的数量上较为匮乏，在研究的系统性方面也相当欠缺，尤其是对教学具有直接指导意义的教学策略研究非常稀少。

三、编写原则和内容框架

随着中国国力的不断增强，目前汉语教学的主战场已由国内转向世界各地，从事一线汉语教学的教师不再只是具有单一的汉语言文学知识背景的专业人士，而是扩展至具有其他语言类或文学类等专业背景的人士。面对一线汉语教师知识背景多元的现状，以及现代汉语时间副词现有研究中存在的问题，我们确定了本书的编写原则及内容框架。

3.1 编写原则

3.1.1 普及性

当前从事汉语教学的教师队伍成分较为复杂，既有语言学或汉语国际教育专业毕业的专业人士，也有学术背景各异而有志于从事汉语教学的人士。目前，后一类教师不在少数，尤其是在海外本土教师队伍中。为了照顾到所有的读者对象，我们特意选择了一些基础知识点，比如时间副词的概念、类别、功能等，以使非专业出身的汉语教师能够获得对时间副词的全面认识。当然，书中的大部分篇目与教学实践紧密相连，因此，本书对两类教师均具有较大帮助和参考价值。

3.1.2　实用性

本书在尽量做到具有普及性的前提下，还考虑到实用性，具体表现在两方面：一是知识点选取来源于教学，二是知识点分析服务于教学。首先，在知识点的选取上，我们搜索并考察了大量留学生学习时间副词时的输出，从中整理出偏误率较高的相关语法点作为框架内容。其次，在知识点的分析上，我们不以学术高度与理论深度为追求目标，而以能够解决实际问题为标准，使分析落实到具体的教学指导上。

3.1.3　区别性

区别性主要是指在知识框架中体现以下三方面的内容：一是同一时间副词不同用法的区分，二是词形相同的不同类别副词的区分，三是功能相似的不同时间副词的区分。时间副词不仅自身功能复杂，而且与其他副词之间存在诸多功能交叉，因此在知识点的选取和分析上，我们特别注意以上三方面内容，以期凸显时间副词的特点，增进学习者对相关知识点的理解。

3.2　内容框架

本书内容分为六个部分，分别为："属性及认识""连用及搭配""多功能词辨析""易混淆词辨析""偏误用词辨析""教学及应用"。这六个部分是从理论、习得、教学三个维度对时间副词的认识和解析，其中"属性及认识""连用及搭配"属于理论部分，"多功能词辨析""易混淆词辨析""偏误用词辨析"属于习得部分，"教学及应用"属于教学部分。

理论部分主要介绍时间副词的基本概念、基本类别、语法意义等基础知识，目的是加深读者对于时间副词这一语法点的理解。此外，我们还注意到时间副词与外部词类之间的关联和区分，在句法、语义、语用等多个层面对它们进行比较，以期增进读者对时间副词语法意义和功能的认识。例如，问题设计中，"怎么理解时间副词？""时间副词有哪些类别？"等是从内部属性出发对时间副词的认识和说明，"时间名词与时间副词如何区分？"等则是从外部关联出发对时间副词做出的语法属性辨析。

习得部分主要涉及时间副词的偏误分析，包括语法偏误和语用偏误两类。语法偏误是违反了语法规则的偏误类型，语用偏误是合乎语法规范但违反了语用规则的偏误类型。这部分内容可以帮助读者有效预测外国学生易错之处，以在教学中提前进行讲解，防止偏误的发生。在问题设计上，标题主要采用语用偏误的表达样式；在具体问题的阐述过程中，则常以具体的语法偏误作为例证，通过对比的方式说明相应的语法问题。例如"'我还要一碗面'与'我再要一碗面'有什么不同？"等。

教学部分对时间副词的课堂教学进行直接指导，包括语法点的引入和讲解、练习的设计、教学示例的选取、课堂活动的设计等。同时，结合特定的语言教学法，如任务法等，对时间副词的课堂进行具体设计。这部分可以帮助教师设计并完成时间副词的课堂教学。例如"如何对时间副词进行讲解？"等。

四、写作体例

下面我们结合书中的内容，通过纲领性介绍，展示和说明《时间副词》一书的一般写作体例。

4.1　标题以问题形式呈现

如上所述，本书从理论、习得、教学三个维度讨论时间副词的语法属性及功能、相似词语辨析及使用、教学方法及设计等内容。在具体章节设置上以问题作为标题拟定的主要形式，同时注意到依据不同内容所划分出的六大部分的特点，在提问方法上有所不同。

在全书六大部分中，"属性及认识"和"连用及搭配"是从理论层面对时间副词的多方位认识，标题多围绕某一主题以问句形式引入，如"时间副词有哪些类别？""时间副词能与其他类别的副词连用吗？"等。"多功能词辨析""易混淆词辨析"和"偏误用词辨析"是基于习得视角对时间副词的分析，这三部分内容中标题的拟定分为两种情况。一种是标题为两两比对的例句形式，同时以问句形式突出异同点比较，如"'你怎么才来？'与'你怎么才来就要走？'中的'才'有什么不同？"等；另一种是在标题中直接引入与特定时间副词使用相关的偏误句，以究因式提问为主，如"为什么不能说'他从来迟到'？"等。"教学及应用"是教学视角下对时间副词的讨论，标题的拟定重在突出教学中的实际操作，意在提供教学参考，如"如何设计时间副词的练习？"等。

4.2   注重吸纳前人研究成果

本书对于时间副词的讨论建立在充分吸收前人研究成果的基础之上，特别是对时间副词语法属性的认识，在写作过程中通过对前人研究进行梳理，提出本书对于相关问题的立论基础。以"怎么理解时间副词？"这一问题为例，我们围绕前人对时间副词的理解，按照时间和归类进行了简要梳理。

早期的《新著国语文法》中就提到了时间副词，随着研究的深入，学者们纷纷提出关于时间副词的认识，但未达成统一意见，差异主要表现在表频率、表重复的副词与时间副词的关系上。据此，我们将学者们的认识观分成了两种：一种是广义的时间副词观，即将表频率、表重复的副词看作时间副词；一种是狭义的时间副词观，即不把表频率、表重复的副词视为时间副词，而是把二者看作副词下面单独的次类或者归为不同于时间副词的一类。

书中其他问题的行文也是从问题所讨论的主体出发，尊重前人研究，并注重对相关问题的归纳和总结。

4.3   使用例证用以解释说明

时间副词内部成员众多，用法多样，在外部关系上也表现出复杂多元的特点，为了方便读者对时间副词相关问题进行理解，我们在书中举了大量的例子用以描写和解释一些问题。这些例子有三方面来源：一是前人研究中的例子，对于这类例子，我们会在文中标识出处；二是语料库中的例子，我们使用的语料库主要为北京大学 CCL 语料库（以下简称 CCL 语料库）和北京语言大学 BCC 语料库（以下简称 BCC 语料库），少量例子选自人民网，这部分例子在文中一般不标识出处；三是内省语例，这类语料也不标识出处。

　　在例子使用上，我们不仅引入了时间副词等使用正确的例子，也引入了使用有误的例子，并通过正误例子前后对比排列来体现特定时间副词的语法性质，其中使用有误的例子在句前用"*"标识。例如"他正在看电视""*正在他看电视"，两例中前者是"正在"句法位置正确的例子，后者则是"正在"句法位置不正确的例子。

第一部分　属性及认识

1. 怎么理解时间副词？

时间是一种客观存在，它与物质运动紧密相连。《现代汉语词典》（第7版）对"时间"的解释如下："①物质运动中的一种存在方式，由过去、现在、将来构成的连绵不断的系统。是物质的运动、变化的持续性、顺序性的表现。②有起点和终点的一段时间……③时间里的某一点……"由此可以看出，时间具有连续性和系统性，在表时上还存在表示时段和时点的不同。

时间副词是与时间概念相关的一类副词，也是现代汉语副词中十分重要的一个次类。首先，在数量上，时间副词在副词系统中占比较大。根据陆俭明、马真（1999：98）的研究，"现代汉语中的时间副词约有130个左右，几乎占整个副词的30%"。李泉（1996）对所选定的666个常用副词进行了统计，其中时间副词有139个，约占1/5。其次，在语法范畴上，由于汉语缺乏严格意义上的形态变化，与动作、事件相关的时态（tense）、体态（aspect）也多通过时间副词来表达。此外，时间副词与量范畴密切相关，李宇明（2000：118）提出："与主观量表达关系较密切的副词，是范围副词、语气副词和个别程度副词、时间副词。"

在汉语语法学界，时间副词的概念最早在《新著国语文法》中被提及，黎锦熙（1956：165～166）认为："表示有定时间的词，如日子、月份、季节等，大都是实体词；然而在叙述句中，它们总是在'副位'。还有一类专从'时间流'中区别某种动作的一个时限，或表动时的持续，或表动时的反复；多从实体，转做副词：这就叫'时间副词'。"

　　黎先生从句法位置角度出发对时间副词做出的界定还存在一定的模糊性，尤其是将"从前、现在、将来、后来"等时间名词也纳入时间副词中，未对时间名词和时间副词的区别进行细致说明。此后，诸多学者对时间副词展开了多角度的深入探讨，但对时间副词进行明确界定的学者却为数不多，一般是从语义角度做出简单描述，并通过列举的方式介绍不同类别的时间副词。

　　由于缺乏明确的概念界定，学者们对于时间副词的理解也有所不同，目前汉语语法学界对此仍未达成共识，差异主要表现在表频率、表重复的副词的归属问题上，即这类副词是否可以看作时间副词。目前，学界关于表频率、表重复的副词与时间副词的关系主要有以下三种看法：一是认为表频率、表重复的副词是时间副词的一小类，二是认为表频率、表重复的副词及时间副词分属副词的两个不同小类，三是认为表频率的副词、表重复的副词与时间副词为副词的三个不同小类。

　　陆俭明、马真（1999）将表频率、表重复的副词归入时间副词，并将表频率的副词划归到表态时间副词中，"重复"的狭义理解为"是指前后（中间有时间上的间隔）所进行或发生的行为动作（包括变化）及其所涉及的对象一样"。李泉（1996）对副词的分类中，也将表频率、表重复的副词归入时间副词之列。

　　刘月华、潘文娱、故桦（1983）按照意义对副词进行了分类，将表示时间的副词和表示重复、频率的副词作为两种不同类别的副词来看待，并分别对常用的时间副词和重复、频率副词进行了列举。黄河（1990）也将表重复的副词与时间副词分离开来单独作为一类。

　　张谊生（2000）则从句法和意义两方面对现代汉语副词进行了概念界定并对其进行了次类划分，认为副词的主要句法功能是充当状语，但有一部分也可以充当句首修饰语或补语，在特定条件下，一部分还可以充当高层谓语和准定语。在意义上，副词是"具有限制、描摹、评注、连接等功能的半开放类词"（张谊生，2000：10）。他将现代汉语副词依据功能和意义分为十类，其中时间副词、频率副词、重复副词为三个不同的次类。

　　根据上述各家对表频率、表重复的副词与时间副词关系的认识，我们把陆俭明、马真（1999）和李泉（1996）等所持的观点看作广义的时间副词观，而把以刘月华、潘文娱、故桦（1983）及黄河（1990）、张谊生（2000）等为代表的观点看作狭义的时间副词观。表频率、表重复的副词之所以与时间副词产生纠葛主要还是因为它们与"时间"概念息息相关。"频率"是单位时间内事件发生的次数，"重复"则是相同事件的再次发生，从意义上来说，无论是表频率还是表重复，它们都与"时间"概念紧密相连，很难说它们是脱离"时间"而单独存在的。张谊生（2000：25）也认为，"随着近年来汉语副词研究的深入，大家的共识是，过多的分类有时反而不利于对词类的认识和掌握，只要能把现象分析清楚，并不一定非要增加新类别和新名目。况且，汉语副词的内部本来就存在着较大的差异"。

因此，我们支持广义的时间副词观，即时间副词既包含狭义的时间副词，也包含表频率、表重复的副词。也就是说，从语义角度出发，凡是表示动作行为或事件发生、变化的时间以及频率、重复的副词都是我们所说的"时间副词"。

2. 时间副词有哪些类别？ ①

时间副词的类别由时间副词的范围决定，由于时间副词范围的框定不同，学界对于时间副词类别的划分也有不同的观点。陆俭明、马真（1999）认为大多数时间副词不表示时制（tense），而表示时态（aspect）②，时间副词可以由此被划分为定时时间副词和不定时时间副词。定时时间副词"只能用于说在某一特定时间——或说话前（即过去时）、或说话时（即现在时）、或说话后（即未来

---

① 本篇研究基于陆俭明和马真（1999）、张谊生（2004）中关于时间副词的相关研究展开。

② 陆俭明、马真（1999）将这里的"时制"和"时态"分别称为"时"和"态"。长期以来，汉语语法学界对于"时制"和"时态"的认识存在混淆的情况。我们认为："时制"是指事件发生的时间，具体表现为此事件发生时间与说话时间或另一参照时间在时轴上的相对位置；"时态"是指事件所处的阶段性的活动状态。"时制"是从事件外部对事件发生的时间进行的观察，"时态"则是从事件内部对于事件所处状态的观察和剖析。

时）——存在或发生的事，如上文举到的'业已'"；不定时时间副词"则既适用于说过去的事，也可用于说未来的事，如上文举到的'已经'"。（陆俭明、马真，1999：98～99）其中不定时时间副词占比近80%，也就是说现代汉语中大多数时间副词所表示的时间不具有固定性，只有少数时间副词的时制信息是确定的，例如表过去的时间副词"曾、曾经、业已、业经"等，以及表将来的"必将、终将、终究、总归、迟早、早晚"等。

实际上，由于现代汉语副词的语法化程度还不够高，时制和时态还不能算是严格意义上的语法义或范畴义。因此，无论是定时时间副词还是不定时时间副词，其实都能体现出事件内部的发展阶段和状态，也就是说，很多情况下，时间副词兼有表时制和表时态的功能，只不过具体到某个时间副词时，该副词在这两项功能上有所侧重而已。例如"曾"既表示事件发生在过去，也表示事件已完成，即通常所说的已然态；"必将"既表示事件发生在将来，也表示事件处于未然态；"已经"表达已然态，但事件既可以发生在过去，也可以发生在将来，也就是说，它所体现的时间不具有单一性。由此看来，现代汉语时间副词在表达时间概念上都蕴含着时态，定时与不定时实际上可以看作在时态框架下进行的划分。

从时态角度出发对时间副词进行的分类是立足于事件内部的过程状态而进行的观察，那么从事件外部来看，"人们对于时间的基本感知主要有两个方面，一是确定某一动作行为或事件发生的时点，即在时间轴上占据的某个具体位置，如'刚才、前年'；二是划定时轴上两个时间点之间的时间跨度，即时段"（张亚军，2002a：193）。也就是说，时间副词在时制表达上还存在时点和时段的差异。

表时点时间副词是指由该类副词所限定的事件在时轴上所占据的时间起点和终点非常接近或紧密相连，中间的距离甚至可以忽略不计。这类时间副词所限定的动作行为或性质状态通常是在极短的时间内达成，因此，其内部一般是异质的、变化的。例如"刚、就、马上"等是表紧承义的时间副词，"突、忽然、陡然、忽地"等是表突发义的时间副词。

表时段时间副词是指由该类副词所限定的事件在时轴上所占据的时间起点和

终点之间有一段较长或较短的距离。这类时间副词所限定的动作行为或性质状态在这段较长或较短的时间范围内基本没有变化，因此，其内部一般是匀质的、恒定的。例如"永远、久久、始终、一直、仍旧"等是表示较长时段的时间副词，"暂、暂且、姑且、权且"等是表示较短时段的时间副词。

频率是单位时间内动作行为发生的次数，根据发生次数的多少可以分为高频、中频和低频，相应的表频率的时间副词也可以分为表高频、表中频和表低频三种类型。表高频的时间副词是指事件在单位时间内极度频繁地出现、发生，如"老、总、通常、不停、不断、时刻"等。表中频的时间副词是指事件在单位时间内较为频繁地、不连续地出现、发生，如"常、时、频、屡、经常、常常、时时、屡屡、频频、每每、往往、不时"等。表低频的时间副词是指事件在单位时间内很少或极其偶然地出现、发生，如"偶、偶尔、间或、偶或、有时"等。值得注意的是，尽管这三类频率副词之间的差异是客观存在的，但这里所说的高频、中频和低频是一组相对模糊的变量，相邻类别之间并没有绝对的界限，各小类内部有时也存在相当的差异。

表序时间副词强调的是事物出现或事件发生的时间顺序，不同的事物出现或不同的事件发生往往有次序上的不同，同一事物出现或同一事件发生则多表现为重复。表次序的时间副词有"先、初、然后、先后、随后"等，表重复的时间副词有"又、也、再、重、还、一再、再三、再度、重新"等。

为了能够更直观地展现时间副词的分类系统，我们运用树形图将上述时间副词的分类归纳如图 2-1：

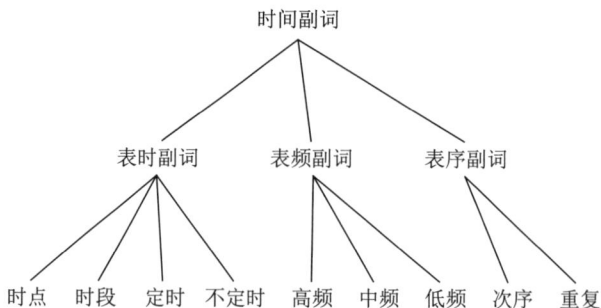

图 2-1　时间副词分类系统

3. 时间表达与时间副词有什么关系？ ①

　　世界上任何事物的产生、发展以及灭亡都与时间紧密相连，客观存在的时间对于任何语言而言都是共同的，人们对于客观时间的认知结果反映在语言中就是时间表达，现代汉语中的时间副词便是时间表达系统的重要组成部分。

　　人们对于时间的感知既包括时点，也包括时段。时点是时轴上的某个具体位置，如"刚才、前天"等；时段涉及时轴上两个时间点之间的时间跨度，如"一上午、两个月"等。时间表达之所以能够在时轴上确定某个位置或某段距离，是因为有参照点的存在。时间表达的参照点可以以天象为基准，如月亮的盈亏周期为一个月，日升日落为一天，等等，这些基准量与数词或数量短语结合就形成了表时段的时间表达，如"一天、三个月、两年"等；时间表达的参照点也可以以习惯为基准，如公元纪年、二十四节气等，据此可以在时轴上找到某个确定的时间点，如"2021 年 1 月 1 日"等时点概念；时间表达的参照点还可以以当前为基准，即以说话时间为参照点，据此可以确定表过去、现在和将来等的时间点，如"昨天、今天、明天"等，也可以与数词及方位词结合构成时段表达，如"前两天、后面几个月"等。（李向农，1995）

　　时点的确定关键是看它在时轴上是否有一个确定的位置，而位置的确定则要依据参照点，与时间的长短没有关系。参照点可大可小，例如"昨天、明天"是以"今天"为参照点，"去年、明年"是以"今年"为参照点，"上个世纪、下个世纪"是以"这个世纪"为参照点。由此可见，时点都隐含时段，参照点小时，隐含一个较短的时段，参照点大时，则隐含一个较长的时段。因此，我们可以说，时点可以很短，也可以很长，时点隐含时段，但时段不包含时点。

　　"语法学上所关心的时点分为相对时点与绝对时点。"（张亚军，2002a：193）

---

① 本篇研究基于张亚军（2002a）中关于时间范畴及其表达手段的研究展开。

上述这三种时间参照点都用于表示绝对时点，即所表示的时点在时轴上的定位具有确定性；相对时点则是以另一时点为参照点，如以某事发生的时间作为参照，"你回来吃饭的时候"既可以是在说话时间之前，也可以是在说话时间之后，无法在一维时轴上进行单一定位。此外，时点表达和时段表达既可以是精确定位，也可以是模糊定位。如"2021 年 1 月 1 日 0 时"等是时点的精确定位，"以前、过去、将来"等是时点的模糊定位；"两天、六小时"等是时段的精确定位，"几个月、一会儿、向来、永远"等是时段的模糊定位。

时点与时段的表达主要通过具体的词汇形式来实现，语法化程度相对较低。而与时间表达相关的另外一对概念——时制和时态的语法化程度相对较高，因此受到了语法研究更多的关注。

时制和时态是西方语言学理论所确立的与动词相关的两个重要的语法范畴。西方语言学理论认为时制和时态的区分由三种时间及其相互关系决定，这三种时间分别为说话时间（speech time，简称"S"）、参照时间（reference time，简称"R"）和事件时间（event time，简称"E"），根据 R 与 S 之间的关系所确定的是时制，根据 R 与 E 之间的关系所确定的是时态。

时间范畴尽管是人类语言中共有的范畴之一，但在不同语言中的表现有所不同。在有形态变化的语言中，时制与时态可以通过动词的形态变化或某种分析性语法手段来表达，如英语中区分过去时、现在时和将来时这样的时制概念，也区分完成态、进行态和一般态这样的时态概念，且时制与时态可以两相组合表达多种时间意义，不同的意义对应特定的语法形式。如英语的规则动词可以通过后接"ed"表示过去时，还可以通过"had + done"的固定格式表达过去时完成态。

汉语没有严格意义上的形态变化，因此无法通过词形变化来反映时制和时态，但可以通过词汇手段实现时间意义的表达。汉语的时制主要依靠词汇手段来表达，时态的表达除了依靠词汇手段之外，主要还是借助语法化程度较高的动态助词以及事态语气词来完成。

汉语中时间意义的表达手段主要有四种，分别是：时间名词（包括某些表达时间意义的方位词）、时间副词、动态助词和事态语气词。

时间名词（包括某些表达时间意义的方位词）可以表示时序，也可以表示时点或时段；可以表达绝对时间，也可以表达相对时间。例如以说话时间为参照点，时点表达可以分为以下三类（张亚军，2002a：196）：

A. 过去、从前、以前、去年、前天、昨天、刚才

B. 现在、目前、当前、眼下、如今、今天

C. 将来、今后、以后

这三组都是以说话时间为参照点，A 组表示说话时间以前，B 组表示与说话时间一致，C 组则表示说话时间之后。此外，时间参照还可以是除说话时间之外的其他时间基点，此时表达的是相对时点，在形式上有时需要借助短语来表达。例如：

当时、那时、……前 / 之前 / 以前、……后 / 之后 / 以后、……时 / 的时候

由于汉语缺乏严格的形态变化，时制与时态的表达无法通过与事件相关的动词的词形变化来实现。时间名词的时间表达主要体现在时制上，时间表达中特定的时间名词要么重在时点表达，要么重在时段表达，但并不是绝对的，时点都隐含时段。例如：

（1）今天我要完成这项工作。

（2）今天以内我要完成这项工作。

"今天"在例（1）中表达时点，在例（2）中表达时段，并通过方位词"以内"强调"今天"所包含的时段信息。由此可以看出，时点与时段之间存在着量化变形关系，时点隐含着时段，"今天"是时点，隐含着"一天"这一时段概念。

时间副词不像时间名词那样只能表时制，它还可以表时态。时间副词经过演变，逐步虚化，程度不等地具有了表达时态的功能，如"曾经、已经、正在、马上、将、将要、一向"等。多数学者也认为时间副词的主要功能是表时态而非表时制（陆俭明、马真，1999；李泉，1996；尹洪波，2011；等等）。在表时态方面，动态助词"了、着、过"在现代汉语中已经演变为具有表时态功能的专用语法标记，语法化程度较高，基本不具备表时制的功能。此外，类似专用的时态标记"起来、下去"也开始由实义动词逐渐虚化成为具有表时态功能的准标记。句

末语气词"了、来着、的、呢"等强调动作行为发生或事件发展的状态，也不表达时制概念。

由此可见，汉语的时间副词是时间表达中重要的语法手段之一。时间名词在时制表达上最为明确；动态助词和事态语气词重在表达时态，它们的表态功能最强；时间副词则处于中间态，它既可以表达时制概念，也可以表达时态概念，但在时制表达上其不及时间名词明确，在时态表达上相较于动态助词和事态语气词而言，其语法化程度也显得较低，不能够像动态助词和事态语气词一样专职化。

4. 时间名词与时间副词如何区分？ ①

时间名词和时间副词都可以表达时间意义，但是二者的时间表达侧重点有所不同。时间名词主要用于表达时点和时段，其中时点的表达与时间参照点紧密相关，时制表达是时间名词的重要功能之一。时间副词既可以表达时制概念，也可以表达时态概念，但正如前文所述，时间副词倾向于表达时态概念。

时间名词是名词的一个次类，除了具有时间性外，还具有事物性。因此，在句法上，时间名词既具有名词可以做主语、定语、宾语及介词宾语的典型特征，也具有与时间副词一样可以做状语的句法特点，此外，它还可以被体词、谓词和数量短语所修饰。

时间名词做主语、定语、宾语及介词宾语的情况，是它名词性特征的具体表现。例如：

（1）今天星期一。

（2）目前的状况看上去还行。

（3）那是瞬间的记忆。

（4）最是那一刹那的温柔。

---

① 本篇研究基于张亚军（2002a）、张言军（2006）中关于时间名词与时间副词区分的相关研究展开。

（5）一时难以控制当时的局面。

（6）我们必须感恩当下、珍惜当下。

（7）这张通行证是以前的。

（8）从早晨到晚上，他的店里一直忙忙碌碌。

例（1）中的时间名词"今天"做主语，例（2）～（5）中的时间名词"目前""瞬间""一刹那""当时"做定语，例（6）和例（7）中的时间名词"当下""以前"做宾语，例（8）中的时间名词"早晨""晚上"做介词宾语。

时间名词还可以充当状语或句首修饰语。例如：

（9）我们现在还有多少钱？

（10）明天我们什么时候出发？

例（9）和例（10）中的时间名词"现在""明天"都是句中的状语，既可以位于主语之后，也可以位于主语之前，当位于主语之前时可以看作句首修饰语。

时间名词一般都可以被体词、谓词和数量短语所修饰。例如：

（11）今天是龙年春节。

（12）我们把活动的日期定在星期天的晚上。

（13）我要跟你讲讲那个被黑死病笼罩的黑暗年代。

（14）这件事我想了两个晚上。

例（11）和例（12）中的"春节""晚上"分别由体词性成分"龙年""星期天"修饰，例（13）中的"年代"由谓词性成分"黑暗"修饰，例（14）中的"晚上"由数量短语"两个"修饰。

时间副词只有时间性，没有事物性，因此它基本不能像时间名词那样充当主语、定语、宾语以及介词宾语，或者接受其他词语的修饰，充当状语是时间副词的常态和典型用法。例如：

（15）我们刚刚吃完饭。

（16）他们正在家里写作业呢。

（17）马上我们就要放假了。

（18）终于我们放假了。

例（15）～（18）中的时间副词在句中都充当状语，例（15）和例（16）中的"刚刚""正在"位于主语之后，例（17）和例（18）中的"马上""终于"位于主语之前。时间副词以出现于句中为主，只有一部分可以出现于句首，如"迟早、早晚、终于"等。

对于上述时间名词和时间副词的句法比较，我们通过例子进行说明：

一、时间名词修饰谓词性成分。

（19）天天上班、以前去过、刚才吃了、现在就唱

二、时间副词修饰谓词性成分。

（20）一直上班、曾经去过、刚吃过、马上就唱

三、时间名词修饰体词性成分。

（21）将来的工作、现在的岗位、目前的情况、刚才的场景

四、时间副词修饰体词性成分。

（22）*将要的工作、*马上的岗位、*已经的情况、*刚的场景

时间名词具有名词的典型特征，因此其还可以出现在"A 是 A，B 是 B"这样的结构中，而时间副词不行，据此可以区分时间名词和时间副词。

一、时间名词与"A 是 A，B 是 B"。

（23）a. 以前是以前，现在是现在。

　　　b. 过去是过去，将来是将来。

　　　c. 刚才是刚才，现在是现在。

　　　d. 明天是明天，今天是今天。

二、时间副词与"A 是 A，B 是 B"。

（24）a. *已经是已经，正在是正在。

　　　b. *业已是业已，即将是即将。

　　　c. *刚是刚，正是正。

　　　d. *刚刚是刚刚，正在是正在。

值得注意的是，时间副词除了表达时间义之外，有时还带有一定的情态义，表达说话人的主观态度，时间名词则没有表达主观情态的功能。例如：

（25）现在<u>已经</u>三点了，该走了。

（26）我<u>刚</u>来一会儿，他就走了。

例（25）中的时间副词"已经"和例（26）中的时间副词"刚"只能位于主语或话题之后，不能位于主语或话题之前，都是以说话时间作为参照点，表示事件已经完成或事件发生在不久前。此外，时间副词还表达说话人一定的主观态度。"已经"表示在说话人看来，"三点"是一个较晚的时间；"刚"表示在说话人看来，"来"的时间较短。

时间名词可以和时间副词连用。由于时间名词可以出现在句首，它对于后句事件具有较强的统辖功能，可以"提供事件发生的时间背景，划定事件发生的时间坐标，即事件发生于何时"（龚千炎，1991）。时间副词一般不能位于主语或话题前，通常位于主语或话题之后、谓语之前，因此具有较强的附谓性，"使动词或形容词具有时间意义，因而具有完句功能"（张亚军，2002a：199）。例如：

（27）<u>今年</u>，他们学校<u>刚</u>建好一栋宿舍楼，<u>已经</u>有80%的学生搬进了新的宿舍楼。

（28）a. *前天他走。→ *他前天走。

　　　b. 前天他刚走。→他前天刚走。

例（27）中，时间名词"今年"为后续两个小句提供了事件发生的时间背景，时间副词"刚""已经"则分别限制"建好一栋宿舍楼""有80%的学生搬进了新的宿舍楼"的时间特征。动词以光杆形式充当谓语会受到一定的限制，时间副词则可以使动词具有时间性，由无界变为有界，从而较为自由地充当谓语，如例（28）。

时间名词能够较为具体地指明事件发生的时间背景，传达时制信息，因此时间名词无论是同类还是不同类的，一般都不能连用。不同类的时间名词连用会造成表时上的矛盾，如不能说"过去将来"；同类的时间名词一般对应于时轴上不同的时点，如果连用也会造成时制矛盾，从而无法确定事件发生的时间背景，如不能说"从前刚才、从前过去"。但是，时间副词存在连用的情况，如"已经在VP、马上就要VP、一直在VP"等。

5. 时间副词与语气副词如何区分？ ①

与时间副词一样，不同的学者对于语气副词的认识并不一致。

以往研究中，王力（1943—1944）最早明确使用了"语气副词"这一名称，他认为语气副词和语气助词一样，都是用来表示说话人的情绪的，二者的区别在于它们出现的位置不同，语气助词只用于句末，语气副词则用于谓词之前。在语气副词的分类上，他将语气副词分为诧异语气（"只、竟"）、不满语气（"偏"）、轻说语气（"倒、却、可、敢"）、顿挫语气（"也、还、到底"）、重说语气（"又、并、都、就、简直"）、辩驳语气（"才"）、慷慨语气（"索性"）、反诘语气（"岂、宁、庸、讵、难道"）八个类别。

吕叔湘（1956）将白话中常用的"可"和"难道"看作句中的疑问语气词，将"又、也、还"视为问句中常用的有帮同表达语气作用的限制词。他主编的《现代汉语八百词》也分出了语气副词和疑问副词两类，语气副词有"才、可、却、倒、偏"，疑问副词只列出了"难道"。

赵元任（1980）把"刚刚、恰恰、刚好、恰好、几乎、差点儿、索性"等归为范围和数量副词，把"可、却、倒、偏、就、还、竟、硬是、幸亏、居然、果然、其实、究竟、根本、简直、反正"等归为估价副词，把"是、非、不妨、毫不"等归为肯定否定副词，把"准、许、真、一定、必定、实在、的确、大概、也许"等归为可能与必然副词。

此外，语气副词与程度副词、连词等在划界上也存在诸多问题。可以说，语气副词也是存在较多分歧的词类之一。史金生（2003b）认为造成这一局面的原因有两点，一方面，学界对于语气副词还缺乏一个明确的、一致的鉴别标准。多数学者沿用王力采用的意义标准，"语气副词的辨认，自然以缺乏实义，仅表情绪为标准。……从中西语言的比较上，也可以看得出某一个词是不是语气副词。

---

① 本篇研究基于史金生（2003b）中关于语气副词的范围、类别的研究展开。

凡居于副词所常在的位置，而西洋语言（如英语）又没有一个副词与它相当者，大约总是语气副词"（王力，1984：230）。据此，他把能够表示语气的副词统称为"语气副词"，但语气是什么？语气应该包含哪些内容？则并未深入探讨。另一方面，词类是一个原型范畴，某一词类内部成员的地位并不相同，有典型和非典型之分。语气副词作为一个原型范畴，其内部成员在典型性的表现上差异也较大。此外，有些语气副词如"又、也、才、都"等可以分别在命题世界、认识世界、言语行为场景这三个话语层面上表达不同意义。这其中既有客观意义，也有主观用法；既有表情态的功能，也有连接功能。语气副词的这些特点也为确定其范围带来了很大的困难。

史金生（2003b）从语法意义出发，认为"语气副词是表达说话人情感认识[①]的副词"，并利用三条具有相容性的功能标准来界定语气副词：（1）与其他成分组合后充当句子成分的能力；（2）与判断词"是"同现时的位置；（3）在句子中的位置。这三条标准是从分布和组合角度对语气副词进行的功能界定。

从语法意义上说，语气副词的基本功能是对相关命题或论述进行主观评注，与时间副词不同，后者主要用于对谓词的时间性进行限制或修饰。因此，语气副词在句法功能上也具有与时间副词及其他副词不同的特点。

在句法分布上，语气副词具有灵活性，即语气副词在句中的分布较为自由、灵活。大多数双音节语气副词可以根据表达需要，位于句中或句首，有时还可以易位到句末。例如：

（1）史学到底是什么呢？

（2）到底是不是，我不知道，这是个难题。

（3）你是怎么回事，到底？

例（1）和例（2）中的语气副词"到底"表示进一步追究之义，既可以用在句中，也可以用在句首。例（3）中的"到底"出现在句末，是口语中的易位现象。

时间副词通常在句中出现，此外，还可以位于句首，但一般不能位于句末

---

① 沈家煊（2001）提出情感（affect）包括感情、情绪、意向、态度等，认识（epistemic modality）是说话人主观上对命题是否真实所做出的判断，涉及可能性和必然性等。

（特殊语用条件下除外，详见第9节相关内容）。例如：

（4）这些事情<u>迟早</u>都要完成的。

（5）<u>迟早</u>有一天，我还是会让你去上学的。

例（4）和例（5）中的时间副词"迟早"可以出现在句中，也可以出现在句首，但不能出现在句末。

在组合特征上，语气副词具有动态性，即语气副词与被修饰成分只能是动态的句子层面的组合，而不能是静态的短语层面的组合，这一特点也是由语气副词的语法意义所决定的。也就是说，含有语气副词的谓词性短语一般只能充当表述性成分，即谓语和补语，而很少或者不能充当修饰性成分，即定语和状语，但时间副词与语气副词不同。例如：

（6）a. *一件<u>也许</u>干净的外套　　*<u>反正</u>一样地拼命干活儿

　　　b. 一件<u>已经</u>干净的外套　　<u>总是</u>一样地拼命干活儿

（7）a. *一项<u>显然</u>可行的计划　　*<u>未免</u>担心地走在路上

　　　b. 一项<u>曾经</u>可行的计划　　<u>一再</u>担心地走在路上

例（6a）和（7a）中的"也许""反正""显然""未免"是语气副词，它们不能在静态短语中与前后的成分搭配一起修饰后面的"外套""干活儿""计划"和"走在路上"；而例（6b）和（7b）中的"已经""总是""曾经""一再"是时间副词，它们能够和其他成分搭配充当定语或状语。

此外，语气副词可以表示说话人的主观情感和认识，体现主观性的成分也是属于句子层面的，因此由它参与构成的单位一般只能充当句子中的谓语、补语，但时间副词在这方面与语气副词表现不同。例如：

（8）a. *这些是<u>幸亏</u>读完的书。

　　　b. 这些是<u>已经</u>读完的书。

（9）a. *<u>毕竟</u>出国游学过是你最大的优势。

　　　b. <u>曾经</u>出国游学过是你最大的优势。

例（8a）和（9a）中，含有语气副词"幸亏"和"毕竟"的画线部分"幸亏读完""毕竟出国游学过"在句中分别做定语和主语，所在的句子不能成立；例（8b）和（9b）中，处于相同句法位置上的时间副词"已经"和"曾经"则不受这方面的限制。

语气副词还可以用于补语之中，此时对补语的类型有一定的限制，语气副词只能出现于组合式补语之前，而不能出现于黏合式补语之前；时间副词则很少用于补语之中，它在句中主要做状语。例如：

（10）a. 这个房间打扫得确实太干净了。

b. *这个房间打扫确实干净了。

（11）a. 这孩子长得其实很高。

b. *这孩子长其实高了。

例（10a）和（11a）中，"得"后是状态补语，这类属于组合式补语，句子成立，"确实太干净了"和"其实很高"本身的独立性也很强。

在与其他副词共现上，语气副词具有前置性，也就是说语气副词通常位于最前面。前置也是由它的语法意义所决定的，与它的表意功用和句法特征密切相关。语气副词的作用主要是对整个句子或谓语部分进行评价，不像时间副词那样是对事件所出现或发生的时间进行限定，因此，它通常位于时间副词及其他副词之前。

6. 时间副词与范围副词如何区分？①

范围副词是表示范围的一类副词，以往学者们主要是从意义出发，利用"数量"这一特征对范围副词进行界定。

从意义角度看，范围副词大致可以分为统括性范围副词、唯一性范围副词和限定性范围副词三种。统括性范围副词所概括的对象是某一范围内的全体成员，体现所有成员的同质性，如"都、全、尽、净、统、通、共、凡、全都、统统、通通、总共、举凡、但凡、凡是、一律、一概、一共"等。唯一性范围副词所概括的对象是某一范围内的某个个体，凸显个体成员的异质性，如"仅、光、只、

---

① 本篇研究基于林曙（1993）、张谊生（2001）中关于范围副词的研究展开。

就、单、才、唯、偏、独、单单、仅仅、独独、偏偏、唯独、唯有"等。限定性范围副词所概括的对象既不是某一范围内的全体成员，也不是某一范围内的某个个体，而是其中的一部分，强调部分成员的特性，如"足、约、大约、大都、大概、大略、大致、多半、最多、最少、足足、只有、就是、只是、不过、不只"等。

从句法功能看，范围副词有附谓范围副词和附体范围副词两种。附谓范围副词一般情况下只能修饰谓词性词语，不能出现于体词性成分之前，如"都、全、尽、净、统、通、共、足、全都、统统、总共、一律、一概、一共、大都、只有、就是、只是、不过、不只、不止"等。附体范围副词既可以修饰谓词性词语，也可以修饰体词性词语，且主要修饰体词性词语，如"凡、大凡、举凡、但凡、凡是、仅、光、只、就、单、唯、偏、单单、仅仅、偏偏、唯独"等。

与范围副词不同的是，时间副词通常与谓词性成分结合较为紧密，是对事件出现或发生的时间的限定，很少与体词性成分产生时间上的关联。例如：

（1）他们<u>都</u>到了。

（2）他<u>光</u>喜欢篮球。

（3）<u>光</u>他一个人就能吃下这一笼包子。

（4）他们<u>已经</u>到了。

例（1）～（3）中的"都"和"光"是范围副词。"都"修饰谓语动词"到"，是附谓范围副词；"光"既可以修饰谓词性的"喜欢"，也可以修饰体词性的"他"，是附体范围副词。例（4）中的"已经"是时间副词，修饰谓语动词"到"。

从语义指向看，尽管范围副词在结构上都是修饰其后的谓词性成分或体词性成分的，但在语义上则既可以指向其后的成分，也可以指向其前的成分，既可以指向单一的成分，也可以指向不同的成分。因此，范围副词语义上总括或限制的对象与语法上修饰的对象会出现不一致的情况，而时间副词是对整体事件时间性的限制，基本不存在像范围副词这样内部语义指向与语法修饰关系不一致的问题。如例（1）和例（2）中的范围副词"都"和"光"在结构上分别修饰后面的谓语动词"到"和"喜欢"，但是在语义指向上，"都"语义指向前面的"我们"，

"光"语义指向后面的"篮球"，结构上的修饰关系与语义指向不一致。而例（4）中的时间副词"已经"是说明动作"到"实现或发生过了，语义上的说明对象与句法上的修饰对象是一致的。

事实上，范围副词的语义指向与其特定的次类之间呈现出一定的规律性。通常，统括性范围副词倾向于前指，基本上属于前指副词；而唯一性范围副词和限定性范围副词只能后指，不能前指。例如：

（5）这几部电影我<u>都</u>看过了。

（6）所有的人<u>全都</u>到了。

（7）<u>光</u>这件外套就花了上千元。

（8）在这次考试中，<u>只有</u>小明和小红两个人没有及格。

例（5）和例（6）中的范围副词"都"和"全都"是统括性范围副词，语义上分别指向前文中的"这几部电影"和"所有的人"，属于前指范围副词；例（7）和例（8）中的范围副词"光"和"只有"分别为唯一性范围副词和限定性范围副词，语义上分别指向其后的"这件外套"和"小明和小红"，属于后指范围副词。

此外，根据范围副词所指对象的数目，还可以将范围副词分成单指范围副词及兼指范围副词或双指范围副词。单指就是只能指向一个对象；兼指则是可以同时指向同一个方向的两个对象，通常兼指在无上下文语境时易造成歧义；双指是指同一个范围副词可以根据不同的组配和语境前指或后指。例如：

（9）这几部电影他<u>都</u>看过了。

（10）这部电影他们<u>都</u>看过了。

（11）这几部电影他们<u>都</u>看过了。

（12）我们三个人<u>就</u>把房间打扫好了。

（13）这套房子<u>就</u>你一个人住吗？

例（9）中的"都"在语义上指向"这几部电影"，是单指；例（10）中的"都"在语义上指向"他们"，也是单指；例（11）中的"都"可以理解为同时指向"这几部电影"和"他们"，是兼指，这种情况也可以理解为"都"只指向前面两个对象中的一个，歧义的消解需要结合具体语境来实现；范围副词"就"

在例（12）和例（13）中因为组配和语境不同，语义指向不同，例（12）中的"就"前指"三个人"，例（13）中的"就"后指"一个人"。

时间副词对于事件的限定虽然存在有定和无定的不同，但整体看来所呈现出的时间特征较为明确，因此不存在事件发生时间和状态的歧义问题。

另外，从句法位置看，现代汉语中的一些时间副词可以位于句首，充当全句的修饰成分。虽然有的范围副词也可以位于句首，但从语义关系看，其并不是全句的修饰成分；而且范围副词位于句首的情况通常是在口语中出现，很少在书面语中出现。例如：

（14）<u>正好</u>他路过那里。

（15）<u>都</u>哪些人去了？

（16）<u>光</u>她出去旅游。

例（14）中的时间副词"正好"在句法上起到修饰后面句子"他路过那里"的作用，在语义上说明句子所表述事件的时间。例（15）和例（16）中的范围副词"都"和"光"虽然位于句首，但是在语义上，"都"只指向句中的"哪些人"，"光"只指向句中的"她"，而不是修饰整个句子。

7. 时间副词与其他词类如何区分？[①]

传统语法凭意义划分词类的做法对于早期的时间副词研究的影响具体表现为：未能严格区分表示时间意义的成分与时间副词。在这种情况下所划定的时间副词还包括一般所说的时间名词、处所名词、方位词、代词等，这种现象虽然在后来的时间副词研究中有所改变，但对于时间副词范围的认定还是产生了一定的影响。

现代汉语中能够表示时间意义的词类不止时间副词一种，像时间名词、方位词、动词、形容词、数量短语、区别词等都可以与时间表达产生关联。在第 4 节

---

① 本篇研究基于张亚军（2002a）、张言军（2006）关于时间副词与部分词类的区别的相关研究展开。

中我们区分了时间副词和时间名词，这一节中，我们主要讨论时间副词与表示时间意义的动词、形容词之间的区别标准及方法。

7.1 时间副词与表示时间意义的动词

时间副词与表示时间意义的动词的区别主要体现在句法功能上，时间副词一般做状语，而表示时间意义的动词除了可以位于动词前做状语外，还可以做谓语。例如：

（1）他延期毕业了。

（2）他想推迟入学。

例（1）和例（2）中的"延期"和"推迟"表示时间上的延后，分别表示其后动词"毕业""入学"的具体方式。从前后表述的关系上看，前一动词性成分"延期"和"推迟"处于从属的、背景的地位，后一动词性成分"毕业"和"入学"处于主要的、前景的地位。因此，有人认为这种结构中的"延期""推迟"等属于时间副词，整个结构是状中偏正结构，而不是连动结构。实际上，这里的"延期"和"推迟"仍然是动词，因为它们后面可以带表示时段的成分，表现出明显的动词性。例如：

（3）本协议自动延期半年生效。

（4）他又推迟了一年退休。

此外，"延期""推迟"可以像典型动词那样充当谓语或谓语中心语，还可以受时间副词等其他副词的修饰。例如：

（5）演唱会因为天气原因，已经延期了。

（6）不仅上课时间推迟了，到校时间也推迟了。

由此看来，"延期""推迟"还不具备黏着、定位的特点，虽然它们可以出现在动词性成分之前，在句法上处于从属地位，表意上也多是对其后动词的限制，但其意义比较实在，仍具有动词的基本语法功能。而时间副词的句法功能主要是做状语，对其后谓词性成分进行时间上的限制，呈现出一定的黏着、定位特点。例如：

（7）这个县曾经是全国贫困县之一。

（8）*这个县曾经。

7.2　时间副词与表示时间意义的形容词

形容词中也有一些与时间意义相关的，它们有时可以位于谓词性成分之前做状语，也可以移位到谓词性成分之后做补语；而时间副词一般居于谓词性成分之前做状语，不能移位到谓词性成分之后做补语。例如：

（9）他突然哭了。→他哭得很突然。

（10）他们偶然发现了线索。→线索发现得很偶然。

（11）他忽然哭了。→ *他哭得很忽然。

（12）听到闹铃，他猛然起身。→ *听到闹铃，他起身得很猛然。

例（9）和例（10）中的"突然""偶然"是表示时间意义的形容词，它们既可以位于动词之前做状语，也可以移位至动词之后做补语。例（11）和例（12）中的"忽然""猛然"是时间副词，它们的句法功能是做状语，不能像形容词一样移位至谓语动词之后做补语。

表示时间意义的形容词在句中除了可以做状语外，还可以做谓语和定语，时间副词则很少做谓语和定语。例如：

（13）这件事确实太偶然了。（形容词做谓语）

（14）这是极偶然的事件。（形容词做定语）

关于副词单独成句和单独做谓语的问题，学者们有着不同的观点。陆俭明（1982）检验了486个在口语或书面语中较常用的现代汉语副词，发现能独用的副词有65个，其中时间副词有"不曾、趁早、迟早、赶紧、赶快、刚刚、立刻、马上、然后、随后、同时、早晚"等。他注意到，这些能够独用的副词都出现在对话中，这意味着副词独用是有严格条件限制的，如果缺少对话语境，则很难实现副词的独用。张谊生（2014：10）认为"凡是只能充当状语和只能充当状语及补语，但不能充当基式谓语①和修饰性定语的是副词。如：曾经、统统、万分、绝顶"。

形容词一般可以受程度副词"很"的修饰，时间副词则不能受程度副词"很"的修饰。因此，在区分表示时间意义的形容词和时间副词时，能否在其前加"很"是区别和判断的方法之一。例如：

---

① 基式谓语可以理解为单个词语做谓语的形式。

（15）这件事发生得很<u>突然</u>。

（16）这场雨下得很<u>及时</u>。

（17）*这件事发生得很<u>忽然</u>。

（18）*这场雨下得很<u>赶紧</u>。

又如表示时间意义的单音节形容词"久"常用于书面色彩较浓的场合或一些固定表达，如"久别、久旱逢甘霖"等，它可以受程度副词"很"、时间副词"已"等的修饰，具有形容词的基本语法功能。而由"久"构成的时间副词"久久"尽管语义上与"久"有着较为紧密的联系，但在句法表现上差异较大，"久久"不能受副词"很、已"等的修饰，只能做状语，具有副词的典型特征。例如：

（19）睡了很<u>久</u>→ *睡了（很）<u>久久</u>

　　　吃了很<u>久</u>才离开→ *吃了（很）<u>久久</u>才离开

　　　等候已<u>久</u>→ *等候（很）<u>久久</u>

张言军（2006）还发现表示时间意义的形容词可以用于"A 不 A"格式进行提问，而时间副词不可以这样使用。例如：

（20）<u>偶然</u>不<u>偶然</u>？

（21）<u>及时</u>不<u>及时</u>？

（22）*<u>立马</u>不<u>立马</u>？

（23）*<u>刚刚</u>不<u>刚刚</u>？

8. 时间副词有哪些句法功能？

现代汉语时间副词的主要句法功能是做状语，另外也存在非常规用法——做定语。

8.1 做状语

时间副词与其他副词一样，基本的句法功能是做状语。张谊生（2000）将时间副词看作限定性副词中的一个次类，认为限定性副词是副词的主体，它在句法上一般只能充当状语或句首修饰语，在句中的位序则具有一定的自由度，主要是对动作行为、性质、状态加以区别和限制。整体说来，时间副词中大部分成员以主语之后、谓语之前的句中位序为常规分布，一部分成员也可以出现在主语前句首位置。

8.1.1   主语前位置

李敬国（1998）分析了句子主语前（以下称为"句主前"）时间副词的特点，他以陆俭明、马真（1999）所提到的 128 个时间副词为调查和分析对象，发现有近 80 个能用在句主前，40 多个不能用在句主前，有 10 来个似乎在两可之间。杨德峰（2006）对《汉语水平词汇与汉字等级大纲》中的 62 个时间副词在语料库中的使用进行了调查和统计，发现：有些时间副词既能出现在主语之前，也能出现在主语之后；有的时间副词只能出现在主语之后；极少数时间副词只能出现在主语之前。他认为时间副词在句中出现位置与主语的语法性质有关，可以分为三种情况：

（1）主语为名词性成分时，一半以上的时间副词只能位于主语之后，仅有极少数时间副词不能位于主语之后；近一半时间副词既可以位于主语之前，也可以位于主语之后。（2）主语为数量短语时，近一半时间副词只能位于主语之后；少数时间副词既可以位于主语之前，也可以位于主语之后，如"曾、曾经、顿时、立刻、偶尔、首先、随即、先、正"；极少数时间副词只能位于主语之前，如"而后、赶紧、随后、有时"。（3）主语为疑问代词时，多数时间副词可以位于主语之后；极少数只能位于主语之前，如"永远"。

李勉（2018）从语义角度出发，发现可以出现在主语前的时间副词主要表达以下几类语义：不定时义、短时突发义、渐变义、次序义、最终义、经历义和延续义等。例如：

（1）表达不定时义：

a.（早晚）你（早晚）会明白的。

b.（偶尔）他（偶尔）会打电话给我。

c.（有时）我（有时）会在学校食堂吃饭。

d.（回头）咱们（回头）再约时间见面。

（2）表达短时义及突发义：

a.（一下儿）他（一下儿）就吓哭了。

b.（刚刚）他（刚刚）给你打电话了。

c.（忽然）天空（忽然）下起了倾盆大雨。

d.（顿时）全场（顿时）鸦雀无声。

（3）表达渐变义：

a.（渐渐）我（渐渐）爱上了这片土地。

b.（逐渐）他的身体（逐渐）好起来了。

（4）表达次序义：

a.（随后）他（随后）就转身离开了。

b.（从此）他们（从此）幸福地生活在了一起。

（5）表达最终义：

a.（终于）他（终于）露出了灿烂的笑容。

b.（终究）她（终究）还是没有把心里的话说出来。

（6）表达经历义：

（曾经）我们（曾经）是最要好的朋友。

（7）表达延续义：

a.（至今）我（至今）都记得他参军入伍的样子。

b.（一向）她（一向）都体贴入微。

8.1.2 主语后位置

时间副词的常规位置是主语后、谓语前，而且多数时间副词只能居于主语后，部分时间副词只能紧附于谓语动词之前。李勉（2018）也对只能位于主语之后的时间副词从语义上进行了分析，发现这些时间副词主要表达进行义、过去已然义、将来未然义、持续惯常义、重复义等。例如：

（8）表达进行义：

a.他<u>正在</u>看电视。

b.*<u>正在</u>他看电视。

（9）表达过去已然义：

a. 他已经睡着了。

b. *已经他睡着了。

（10）表达将来未然义：

a. 他们即将毕业了。

b. *即将他们毕业了。

c. 我们快要放假了。

d. *快要我们放假了。

（11）表达持续惯常义：

a. 他永远活在人们的心中。

b. *永远他活在人们的心中。

（12）表达重复义：

a. 他屡屡失败。

b. *屡屡他失败。

时间副词居于主语前位置除了受到主语语法性质的制约外，李敬国（1998）认为还受到其自身音节数量、所包含的语素义及语体色彩影响。一般情况下，双音节时间副词和三音节时间副词用于句主前，较之单音节时间副词占有明显优势，单音节时间副词一般不用于句主前。此外，偏正式的时间副词和书面语体色彩较浓的时间副词通常也不能居于句首。

8.2 做定语

时间副词的典型句法特征是充当状语，非典型特征之一则表现为少数时间副词还可以充当定语。张言军（2006）发现，时间副词"从来、曾经、经常、迟早、历来、随后、偶尔、经常、永远"等都可以做定语，这些时间副词做定语时有的需要后加"的"，有的不需要后加"的"。无论是否需要后加"的"，都可以视作是时间副词做定语，如"从来的文艺作品""曾经的幸运""经常账户""迟早的事"等。

袁毓林（1995）认为词类是原型类，一个词类内部有典型成员和非典型成员，典型成员共有一些其他词类所没有的分布特征，非典型成员的分布特征虽不完整，但与典型成员有着句法相似性，可以根据这些句法相似性将非典型成员吸纳进来，归为一类。张谊生（2003）查阅了近八百万字的当代新闻体语料，发现时间副词充当定语的分布率为："曾经"占 0.8%，"经常"达 1.2%（包括带"的"和不带"的"两种情况），"向来"约 0.3%，"历来"不到 0.2%。由此看来，时间副词充当定语还远不是一种普遍现象，更不是一种普遍的语法规律，因此不能将这些词看作形容词，也不能因其在特定情况下可以充当定语或句首修饰语，就否定它们的副词性质。

9. 时间副词有哪些语用功能？ ①

前面我们分别讨论了时间副词的句法和语义功能，时间副词的主要句法功能是做状语，在语义上可以分为表时、表频和表序三种不同类别。时间副词的语用功能是在主要句法功能基础上，通过语序变化（移位）来体现的，因此，我们将主要从语用移位角度来阐述时间副词的语用功能。

关于如何判断某一成分的移位是否属于语用移位，温锁林（2001）认为语用移位具有以下两方面的特征：一是可还原，即由于语用产生移位的成分可以无条件返回原来的句法位置；二是功能固定（或功能排他），即由于语用产生移位的成分仍保留其在原有句法位置上的语法功能，一般不会因为位置变化而产生功能游移。张言军（2006）通过调查发现，时间副词的语用移位有两大类型：一种是做状语的时间副词前移，一种是做状语的时间副词后移。

时间副词的主要句法功能是做状语，以主语后、谓语前为常规状语位置，有时也可以产生语用移位，但并不是所有时间副词都可以发生语用移位，这其中音节制约作用很明显。现代汉语中单音节时间副词由于受到韵律和句法的制约，通常很难产生语用移位，只有极个别单音节副词在特定情况下可以产生移位。

---

① 本篇研究基于张言军（2006）关于时间副词的相关语用问题的研究展开。

例如：

（1）中医在俄罗斯<u>渐</u>受热捧。

　　→*<u>渐</u>中医在俄罗斯受热捧。

（2）他<u>刚</u>下课，就去食堂吃饭去了。

　　→*<u>刚</u>他下课，就去食堂吃饭去了。

（3）课余时间，他<u>常</u>一个人去图书馆看书。

　　→*课余时间，<u>常</u>他一个人去图书馆看书。

（4）电网负荷<u>屡</u>创新高。

　　→*<u>屡</u>电网负荷创新高。

　　李敬国（1998）发现"都、快、先、老、总"五个时间副词可以用于句主前，但所使用的环境非常受限。文章所举例子中"都"用在非主谓句中；"快"由于说话急促，省略了谓语中心成分，实际上它还是位于谓语之前；"先"是在其关联意义下用于复句中前一分句的句首；"老"常与"是"构成双音节副词"老是"，在口语表达中，"老是"中的"是"由于轻读或话语急促常变得模糊，甚至发生脱落；"总"与"老"在口语中的表现极为相似。因此，严格意义上，单音节时间副词是不能用于句主前的。

　　从音节角度来看，一般只有双音节和三音节的时间副词才可以发生移位，根据移位方向可以分为前移和后移。

9.1　做状语的时间副词前移

　　上文例子中的单音节时间副词"渐""常"如果换成同义的双音节时间副词"渐渐""常常"就可以发生语用移位。例如：

（5）中医在俄罗斯<u>渐渐</u>地受到热捧。

　　→<u>渐渐</u>地中医在俄罗斯受到热捧。

（6）课余时间，他<u>常</u>一个人去图书馆看书。

　　→课余时间，<u>常常</u>他一个人去图书馆看书。

　　但这并不意味着所有的双音节或三音节时间副词都能够发生语用移位，如例（4）中的单音节时间副词"屡"，即使换成同义的双音节时间副词"屡屡"，也仍然不能移位至句首。这是由"屡屡"自身的句法属性所决定的，史金生（2011）将"屡屡"看作中频动量副词，它只表示动作的频度，所以只能紧附于谓语动词，不能产生移位。同样表中频的"常常"则既可以作用于动词，表示动作的频度，也可以作用于整个谓语部分，表示事件或状况的频度，所以它的位置比较灵活，其后可以是单个动词，也可以是词组甚至是复句。

前移的时间副词在语音上通常会重读，移位的时间副词得以被突出和强调，因此在语义上能进一步凸显事件的时间特征。如例（5）中，"渐渐地"移位至句首，强调"中医在俄罗斯受到热捧"这一事件是随着时间逐步推进的，凸显了事件发生、发展的时间状态。此外，作为状语的时间副词前移后，除了可以凸显事件的时间义外，还具有表达一定主观义的功能，也起到一定的话题衔接作用。例如：

（7）美有千万种，香格里拉不止一种。终于，赶在 2020 年秋天快要结束之前，我去了趟香格里拉，见证了它万千美中的一面。

例（7）中的"终于"表示经过较长过程，最后达到了所期望的结果——来到了香格里拉，也在一定程度上表达了达成这一结果后"我"内心的喜悦。

张言军（2006）经过考察分析，发现现代汉语中有以下时间副词可以通过向前移动实现语用移位：终于、从来、至今、趁早、迟早、早晚、刚刚、马上、当即、顿时、登时、立时、一下、立马、预先、然后、随即、从此、姑且、暂且、猛地、蓦地、忽然、忽地、骤然、猛然、渐渐（需加"地"）等。

9.2 做状语的时间副词后移

状语成分在口语中可以后移（陆俭明，1980），状语成分向后移位时，语音上多会轻读。后移不同于前移，不具有强调的语用功能，仅用于追补信息，表达说话人急促的口气。例如：

（8）他睡觉了，已经？

（9）怎么还不出发啊？这几点了，都？

（10）问：你到底来了没啊？

　　　答：来了，就。

（11）问：他们在干什么呢？

　　答：睡觉呢，<u>在</u>。

（12）问：他们在吃饭吗？

　　答：没呢，看电视呢，<u>正</u>。

陆俭明（1980）指出能产生状语和中心语易位现象的单音节副词只有"都、还、就、快、又、在、正"这七个，双音节副词有二十个左右。例如：

（13）你会适应的，<u>逐渐</u>。

（14）看电视呢，<u>正在</u>。

（15）他已经吃了三个了，<u>刚刚</u>。

时间副词的后移多出现在口语表达中，而且也受到严格的音节限制，以双音节和三音节为主。而时间副词的前移不仅能够出现在口语中，也可以出现在书面语中。在音节限制上，时间副词的前移和后移表现基本一致。

10. 时间副词有哪些语篇功能？ ①

在语篇表达中，一个连贯的语篇需要有一些篇章衔接成分。在现代汉语中，常见的篇章衔接成分有连词、代词、插入语等，此外，一部分副词也具有篇章衔接功能，其中时间副词就是一种篇章衔接成分，在篇章中起到连接功能。张谊生（1996b）考察了副词在篇章连接过程中的功能，发现其具有以下功能：表顺序、表追加、表推论、表解说、表转折、表条件。我们发现时间副词的篇章衔接功能类型主要为表顺序、表追加、表转折三种。

10.1　表顺序

顺序是指事件在时轴上的序列位置，根据事件发生时间在时轴上的位置，时间副词在篇章衔接中所表顺序还可以进一步分为以下四种类型：先时顺序、后时

---

① 本篇研究基于张谊生（1996b）关于副词篇章连接功能的研究展开。

顺序、起始顺序、终止顺序。

10.1.1 先时顺序

先时顺序是指某一事件发生的时间先于某个时间参照点，时间副词通常位于句首或谓语动词之前，对事件发生的时间进行强调。张谊生（1996b）认为一般情况下，篇章中对事件的描写顺序与事件实际发生的顺序大体一致时，无须通过添加表先时的时间副词来表达时间顺序，但在以下两种情况中需要添加表先时的时间副词：一是强调和对比时间顺序；二是描写顺序与发生顺序相反时，需要使用表先时的时间副词加以专门指出。在篇章衔接中具有表先时功能的时间副词有"先、原本、本来"等。例如：

（1）先看这边，再看那边。

（2）原本，2003 年的收购应该是商业智能厂商们的好戏与"集体奖"——这一年里，迫于生存与发展的压力，几乎所有在国际上处于领先地位的商业智能厂商都完成了收购与被收购。

（3）本来，17 亿美元的注资被认为足以让该公司支持到年底。然而好景不长，没过多久，就在圣诞前夕，正当韩国人准备大量消费的时候，却发现 LG 信用卡公司又再次停止了部分预借现金的服务。

表先时的时间副词在篇章中使用时，有时后续还会有表顺序的时间副词与之相呼应，如例（1）中的"再"在后续句中与"先"呼应，表示时间上的先后顺序。此外，表先时的"原本""本来"除了表示时间上的先时顺序外，往往还具有对事件进行解释和引起转折的作用。如例（2）中的"原本"表示先时的计划，但是实际情况却与计划不一致；例（3）中的"本来"既是对事件先时的预估，又是对事件背景的解释，同时还引起了后续事件的转折，后文中有"然而"与之相应，体现其转折功能。

10.1.2 后时顺序

表后时的时间副词在篇章中通常处于描写前后两个事件的语句或语段之间，有时表示两事相承，依次发生，有时表示两事紧承，接连发生。例如：

（4）4 月 7 日，滚石乐队将赴孟买，举行在印度的最后一场演唱会。随后，4 月 10 日，他们将抵达泰国的曼谷接着巡演。

（5）<u>继而</u>，他一反常态，成了积极支持和响应的一员。

（6）<u>旋即</u>，三位民警齐扑上去，走投无路的郭华荣束手就擒。

（7）3月10日下午3点半，一阵急促的警报在涵江区实验小学校园内拉响。<u>顿时</u>，3年（9）班的教室里浓烟滚滚，"火势"伴着浓烟直往走廊上涌。

例（4）中的"随后"和例（5）中的"继而"表示前后两个事件依照时间顺序发生，中间有一定的时间间隔，类似的后时时间副词还有"随即、接着、继而"等；例（6）中的"旋即"和例（7）中的"顿时"表示前后两个事件紧承发生，中间时间间隔极短，类似的后时时间副词还有"立即、当即、立刻、霎时、马上"等。

10.1.3　起始顺序

起始顺序强调在多个事件中，某一事件是最先发生的，或者在多个阶段中，某一阶段是最早的，这类表示起始顺序的时间副词有"起初、起先"等。例如：

（8）<u>起初</u>，"绿桑"态度非常坚决，怎么也不肯降价。

（9）<u>起先</u>，人们问他右手怎么了，他还支吾不愿说。最后，他才告诉朋友手指的去向。

有时为了凸显前后时间的对比，表起始顺序的时间副词之后会有表示时间的词语与之相对应，如例（9）后文中的"最后"与"起先"相对应。

10.1.4　终止顺序

终止顺序强调在多个事件中，某一事件是最后发生的，或者在多个阶段中，某一阶段是最后的，这类表示终止顺序的时间副词有"终于"等。例如：

（10）整个战役仍然拖着。每天阴雨不断，而逐渐寒冷的天气更增添了痛苦。<u>终于</u>，11月下旬，加拿大部队开始接替101师。

10.2　表追加

张谊生（1996b）认为追加义反映了相关事物或事件之间联系的方式及主次关系，根据相关事物或事件之间的关系，现代汉语副词的追加功能可以分为并存型追加、主次型追加、极端型追加、例外型追加。其中，时间副词的追加功能主要集中在并存型追加上，主次型追加和极端型追加主要由程度副词来实现，例外型追加主要由范围副词来实现。表示并存型追加的时间副词主要有"再、又、还、同时"。它们表示后面追加的事物、事件与前面的事物、事件没有主次之分，并存同现，或者互相对称，大致相当。例如：

（11）最初，你会感到浑身不适，食欲减退，随后还会感到头痛，<u>再</u>发展下去就是浑身无力，失去继续登山的兴趣。

（12）他冒险逃出咸阳，<u>又</u>被秦国派兵追捕了回去。

（13）实践证明，这些教学方法的使用，既加强了教学的针对性，又吸引了学生的参与，调动了学生的主体能动性，<u>同时</u>又培养了学生分析问题和解决问题的能力。

10.3　表转折

张谊生（1996b）认为"转折关系既有逻辑基础，也同事理因素和心理趋向有关"，在篇章表达中，转折关系是指所连接的两种情况相互对立或不相协同。有些时间副词在篇章连接中表示意外式转折，指从上文的情况看，下文发生的情况来得非常突然，完全不在意料之中，紧接而来的突发情况使得形势发生了出人意料的改变和转折。此类时间副词主要有"忽然、猛然、蓦然、忽地、忽而"等。例如：

（14）2004 年 4 月 20 日清晨 6 点，锦江出租汽车公司驾驶员徐振平驾车去接客人，<u>忽然</u>20 米外苏州河边传来呼救声，徐振平赶到河边，看到一个女子的头在河里一起一伏。

（15）眨动着眼睛，她委屈地说："我要妈妈！"说完，<u>猛然</u>"哇"地大哭了起来，一面叫着："妈妈！我要妈妈！妈妈——"

例（14）和例（15）中的时间副词"忽然""猛然"都表示突然性的时间。从整个篇章的具体语境来看，它们倾向于表示意外式转折，因为除了表示时间以外，它们的主要作用还是引出另一个出乎意料的情况或现象。

11. 时间副词有哪些重叠类型及重叠前后的语义差异？①

重叠包括两方面的内容：一种是构词的重叠，一种是构形的重叠。构词的重叠是指通过接连重复某一音节或词根的方式组成新词的一种构词方式，构形的重叠则是指通过某一个词的重复来表示某种语法意义的变化形式。我们所讲到的名词、动词和形容词的重叠通常指的是构形重叠，但现代汉语副词的重叠与其他实词的重叠不同。张谊生（2000）认为，现代汉语副词重叠具有自己的特点，具体表现在以下两方面：一是严格意义上的构形重叠数量十分有限，二是副词的构形重叠和构词重叠的界限相当模糊。因此，在现代汉语副词的重叠上，不宜严格区分副词的构形重叠和构词重叠。我们将时间副词重叠之前的形式称为"基式"，重叠之后的形式称为"重叠式"。我们沿用张谊生（2000）确定副词重叠的标准：不论该副词的重叠式是否成词，只要基式在口语和书面语中仍然可以单独使用，而且基式和重叠式在语义上具有一定的对应关系，那么就可以认定该副词是可以重叠的。这一节中，我们主要考察时间副词的重叠类型及基式和重叠式的语义差异。

11.1 时间副词重叠的类型

根据音节构成，我们可以将时间副词的重叠分为单音节重叠和双音节重叠两种形式，其中单音节重叠是时间副词重叠的主体。

11.1.1 单音节重叠

单音节重叠指基式时间副词是单音节的，重叠式时间副词一般是双音节的。根据基式和重叠式的运用自由度和成词状况，又可以将单音节重叠分为三类。

第一类是基式和重叠式都可以自由运用，且都独立成词。常见的有：早—早

---

① 本篇研究基于张谊生（2000，2014）关于副词的重叠形式与基础形式的研究展开。

早、每—每每、常—常常、刚—刚刚、连—连连。例如：

（1）有一次她<u>早</u>来一个钟头上课，道歉说七点钟她要到小剧院去。

（2）那天早晨，近江也难得地<u>早早</u>来到学校。

第二类是基式一般只能用在特定的组合中，并且具有<u>语素化倾向</u>，而重叠式可以自由运用，<u>且已成词</u>。常见的有：频—频频、屡—屡屡、恰—恰恰、渐—渐渐、时—时时。例如：

（3）水水当然在精神病人中更为出类拔萃，据说几乎<u>屡</u>测<u>屡</u>中，无算不灵，已经让很多买彩票的人一夜暴富。

（4）尽管<u>屡屡</u>上当，我依然一次次奔跑过去。

例（3）中的基式"屡"一般不能单独使用，此例中以"屡×屡×"格式出现；但例（4）中的重叠式"屡屡"可以自由运用。

第三类是基式可以自由运用，重叠式只是基式的变化形式，尚未定型为一个独立的词。例如：

（5）可惜她的短大衣，遮去了她的小翅膀；她头戴玲珑小帽，好似蓓蕾<u>初</u>放。

（6）当他走过房间的时候，人们<u>初初</u>一看，都不十分肯定他是不是很笔直地走向他想要去的地方。

（7）心里<u>忽</u>起了一种怨恨天帝的心思。

（8）他的嘴巴不由自主地歪扭着，热泪<u>忽忽</u>地流出来。

11.1.2　双音节重叠

有时基式时间副词可以是双音节的，常见的有：永远—永永远远、陆续—陆陆续续、时刻—时时刻刻、早晚—早早晚晚、先后—先先后后、迟早—迟迟早早。例如：

（9）几个月来，我<u>先后</u>三次钻得空子，三次向他们请求。

（10）国华厂的大小船只<u>先先后后</u>都过了桥。

（11）因为在这种情况下，他<u>迟早</u>会被发现的。

（12）你们认真地瞧瞧吧，这才是你们<u>迟迟早早</u>会得到的下场！

值得注意的是，"永远"的<u>重叠式</u>是"永永远远"，而不是"永远永远"，"永远永远"是<u>叠用</u>，不是重叠。尽管叠用和重叠都具有强调作用，"永远永远"和"永

"永远远"在句法上也都充当状语，但二者的性质完全不同：叠用是一种修饰手法，而重叠是一种语法手段和构词方式。双音节时间副词的重叠形式只有一种，那就是 AABB 式，而不是 ABAB 式。

11.2 时间副词基式和重叠式的语义差异

张谊生（2000）认为，副词重叠时，基式和重叠式在语义功用上的区别主要体现在四个方面：缺略、增添、偏重、分化。我们发现时间副词重叠时，基式和重叠式的语义差异主要涉及缺略、增添和分化三种类型。

11.2.1 缺略

缺略是指重叠式只对基式的某些用法进行强调，只是继承了基式的部分义项，并未继承全部义项，也就是说，基式的义项在重叠过程中有所缺略。在《现代汉语词典》（第 7 版）中，"常"作为时间副词时，表示"时常、常常"，"常常"则"表示事情的发生不止一次，而且时间相隔不久"，重叠式"常常"只继承了基式"常"的部分语义。例如：

（13）你王大哥<u>常</u>回来夸你，说你有文化，还能吃下煤矿的苦。

（14）那好吧，我以后<u>常常</u>回来就是了，这样别人也就不会说什么闲话了。

11.2.2 增添

增添是指重叠式在继承基式的原义项的基础上，在使用中又衍生了新的义项，也就是说，重叠式的义项有所增添，如"刚—刚刚、时—时时"等。例如：

（15）到了底下，我坐上大车，再对亮光那边看一眼。它仍然<u>时</u>隐<u>时</u>现。

（16）戈宾德把他找来，带在身边，日日夜夜抚育他，如同自己的儿子<u>时时</u>不离眼前。

例（15）和例（16）中的基式"时"和重叠式"时时"都可以表示"时常、常常"，但"时时"还具有延续义，表示"一直不断地、每时每刻地"。

11.2.3 分化

分化是指重叠式产生之初就与基式"分道扬镳"了，二者尽管在语义上还存在着某种联系，但表意功用已基本分化。例如：

（17）我笑着站起来时，我知道准没戏，要不你<u>早</u>苍蝇似跟踪上去，还在这儿坐着玩牌？

（18）毕竟心慌，一出门，脚底下被绊了一下，要不是小孔的手，王大夫<u>早</u>就一头栽下去了。

（19）晚饭后，她<u>早早</u>上了床。

例（17）中的"早"表示"苍蝇似跟踪上去"这件事距离说话时已有一段时间，但它用在虚拟条件句中，所以实际上所描述的事件并未发生，不过这并不影响"早"所体现出的对谓语动词的时间性制约。如果用在陈述句中，"早"后面则常跟"就、已"等副词，如例（18）。"早早"指所描述的行为或事件尽早地进行，相当于"尽早、尽快"。

12. 时间副词基式和重叠式有哪些句法语用差异？①

上一节中，我们主要讨论了时间副词重叠的基本类型，并从语义角度说明了时间副词基式与重叠式之间的差别。实际上，时间副词基式和重叠式之间不仅在语义上存在差别，在句法和语用上也存在差异。这一节建立在上一节讨论的基础上，我们主要考察时间副词基式和重叠式在句法和语用上的差异表现。

12.1 句法差异

基式时间副词与重叠式时间副词受到音节限制，在以下两方面体现出功能差异：一是组合关系差异，二是句中位序差异。

12.1.1 组合关系差异

组合关系的差异体现在两个方面：一是后附语缀差异，二是音节搭配差异。

后附语缀通常是指时间副词的基式和重叠式后附"de"（"的"或"地"）的情况。一般来说，基式是不能附加后缀"de"的，但也有例外，比如"忽"可

---

① 本篇研究基于张谊生（2000，2014）关于副词的重叠形式与基础形式的研究展开。

以附加后缀后成为"忽地"。需要注意的是，正如前文所说，"忽"的重叠式"忽忽"目前还很难看作独立的时间副词，而"忽地"现在多被看作一个成词的时间副词。重叠式附加后缀"de"有以下几种情况：大多数重叠式带不带"de"具有任意性，可带可不带；少数重叠式一般不带"de"，如"刚刚"；一部分重叠式一般不带"de"，但当突出摹状性时偶尔可以后附"de"，如"常常、屡屡、每每"等。另外，在双音节副词的重叠中，基式时间副词"早晚、迟早、先后"等习惯上很少后附"de"，但其重叠式"早早晚晚、迟迟早早、先先后后"等往往需要带上"de"。

在音节搭配方面，我们主要看一下单音节基式时间副词和重叠式时间副词的音节搭配差异，主要有三种情况：自由搭配型、部分限制型、严格限制型。自由搭配型是指基式和重叠式都可以自由地修饰单音节词和双音节词，二者可以随意替换，如"常—常常、刚—刚刚"等。部分限制型是指基式和重叠式的搭配功能受到部分限制，具体包括：一部分基式只能修饰单音节词，但重叠式既能修饰单音节词，也能修饰双音节词；一部分基式既能修饰单音节词，也能修饰双音节词，而重叠式则只能修饰双音节词。例如：

（1）a. *每说→每每说*

b. **每发现→每每发现*

c. *初看→ *初初看*

d. *初看来→初初看来*

严格限制型是指基式和重叠式的搭配功能受到严格的制约：基式只能与单音节词搭配，重叠式只能与双音节词搭配，如"屡—屡屡、频—频频"等。

12.1.2　句中位序差异

句中位序差异是指基式和重叠式在句中所处位置和顺序的差异。绝大多数基式时间副词都只能充当定位状语，且基式时间副词和谓语中心之间不允许插入其他修饰成分。例如：

（2）这并不是因为失去了绿翠鸟，而是因为云姑不在面前，我*初*尝受孤寂的苦味。

但"常、刚"等少数基式时间副词是例外，它们在句中的位序相对自由。

例如：

（3）虽然，早年同柳苇结婚后，<u>常</u>也有龃龉，但最初的一点儿不快不过是为了性格上的差别以及她要做一个职业妇女的强烈愿望，而他希望她只是一个家庭主妇。

（4）她的头发<u>刚</u>由一位女发师做好，她朝春梅走去，准备用女拳师的姿态解决她。

大多数重叠式时间副词在句中的位序是比较自由的，主要出现在以下三个位置上：紧贴谓语中心，位于其他状语之前，以及充当句首状语。此外，还存在移位至句尾的情况。例如：

（5）下午我到了学校，孩子们<u>刚刚</u>吃完午饭，正在用学校的水龙头洗碗。

（6）他<u>刚刚</u>一颤一颤地走过去了。

（7）<u>刚刚</u>，洗衣机和烤面包机送过来了。

（8）你没听吗？<u>刚刚</u>。

例（5）中的"刚刚"紧贴谓语动词"吃"；例（6）中的"刚刚"为多项状语的首项，位于同样做状语的"一颤一颤"之前；例（7）中的"刚刚"充当句首状语，也起到一定的篇章衔接作用；例（8）中的"刚刚"出现在移位句中，位于句尾，它可以通过移位回到原来的状语位置上去。

12.2 语用差异

基式时间副词和重叠式时间副词在语义轻重、语气强弱、语体文白等方面存在较为明显的差异。

12.2.1 语义轻重

重叠式在线性排列上比基式长，一般而言，前者在语义上也会相应地具有增量表达。也就是说，基式时间副词和重叠式时间副词在表达相同意思时，重叠式的语义要比基式的语义更重一些。例如：

（9）你得<u>时刻</u>提醒我，我们到这儿的目的就是为了在一起。

（10）我自己就应当<u>时时刻刻</u>嘲笑自己才对。

例（10）中的重叠式"时时刻刻"较之例（9）中的基式"时刻"在频率上

更快，表示中间没有任何时间上的间断，更加凸显时间义。

12.2.2 语气强弱

语气强弱是指时间副词的基式和重叠式在表达过程中语气的强弱之分，一般而言，重叠式比基式的语气强烈一些，而语气的增强与前面所提到的语义加重密不可分。例如：

（11）而且家里那点儿荞麦<u>早</u>吃光了，每天煮树叶子吃，雁雁的眼泡已经开始浮肿。

（12）有的临街铺子都<u>早早</u>关了门。

上一节中我们提到，重叠式"早早"与基式"早"在语义上出现了分化，"早"表示行为或事件的发生距说话时已有一段时间，而"早早"表示行为或事件尽早地进行。尽管如此，"早早"在语气上确比"早"更强烈一些。

12.2.3 语体文白

语体文白是指基式和重叠式在表达过程中呈现出文言和白话的语体风格差异。通常而言，基式较多地带有文言色彩，重叠式则较多地带有白话色彩。在语体选择上，文言色彩较浓的基式多用于书面语，而白话色彩较浓的重叠式多用于口语。在与其他成分搭配组合上，基式倾向于修饰一些带有文言色彩的单音节动词，重叠式则常修饰一些具有口语或通用色彩的双音节动词。例如：

（13）你还得机智灵活，英勇顽强，<u>屡</u>战<u>屡</u>败，<u>屡</u>败<u>屡</u>战。

（14）尽管<u>屡屡</u>上当，我依然一次次奔跑过去。

（15）她们一个个都远走高飞，婚嫁迭起，喜事<u>频</u>传。

（16）他<u>频频</u>与朋友们、认识的人以及他的竞争者们点头寒暄。

值得注意的是，基式时间副词由于具有较强的文言色彩，在现代汉语中常出现在成语以及带有一定凝固化倾向的四字组合中，如例（13）中的"屡战屡败""屡败屡战"，而重叠式时间副词出现的环境则相对自由、松散。

第二部分　连用及搭配

13. 时间副词能与其他类别的副词连用吗?

现代汉语副词存在共现与连用的现象, 赵元任 (1980) 最早注意到了副词与副词的连用, 此后诸多语法学家对副词的连用顺序和共现限制进行了探讨 (白丁, 1986; 黄河, 1990; 赖先刚, 1994; 张谊生, 1996a; 袁毓林, 2002; 史金生, 2003a, 2003b; 尹洪波, 2011)。

黄河 (1990) 通过对大量语言事实进行调查分析, 发现现代汉语中常用的 9 种类别的副词在句子主要谓语动词前的状语位置上共现时, 基本遵循以下排序规律 ("＞"表示先于):

语气副词＞时间 / 总括副词＞限定副词＞程度副词＞否定副词＞协同副词＞重复副词＞方式副词。

此后赖先刚 (1994) 和张谊生 (1996a) 等也都归纳了副词连用时的顺序, 其中张谊生 (1996a) 依据其所划分的副词类别提出的连用顺序更为细致:

评注性副词＞关联副词＞时间副词＞频率副词＞范围副词＞程度副词＞否定副词＞协同副词＞重复副词＞描摹性副词。

由此可以看出, 时间副词可以与频率副词、范围副词、程度副词、否定副词、协同副词、描摹性副词等其他类别的副词连用, 这一节中我们具体看一看时间副词与这几类副词连用时的顺序。

13.1　时间副词居前的情况

一般来说, 时间副词可以位于范围副词、程度副词、协同副词和描摹性副词之前。例如：

（1）他们<u>曾经</u>都在农场工作过。

（2）他们<u>常常</u>只在周末去超市买东西。

（3）他<u>一直</u>非常努力。

（4）他们<u>仍然</u>一起度过了几个夜晚。

（5）他们<u>早已</u>趁机溜走了。

这几例中的时间副词"曾经""常常""一直""仍然""早已"分别位于表总括的范围副词"都"、表限定的范围副词"只"、程度副词"非常"、协同副词"一起"、描摹性副词"趁机"之前，这些时间副词与其他副词的组合基本遵循了上述连用规律，且大多是不能变换顺序的，只有极少数可以。变换后如下：

（6）他们都<u>曾经</u>在农场工作过。

（7）*他们只<u>常常</u>在周末去超市买东西。

（8）*他非常<u>一直</u>努力。

（9）*他们一起<u>仍然</u>度过了几个夜晚。

（10）*他们趁机<u>早已</u>溜走了。

只有时间副词"曾经"与表总括的范围副词"都"在语序上相对较为自由。如果按照黄河（1990）对副词共现时的排序来判断，那么这基本符合多项状语的序列排布，即"时间／总括副词＞限定副词"；而如果按照张谊生（1996a）中副词的连用类别和共现顺序的规律来分析，例（6）中的"都曾经"属于变序，这主要是由语用强调所引起的。张谊生（1996a）认为常规情况下，副词的连用遵循既定的内在共现顺序，但在具体表述中，说话人出于语用表达需要会强调某一方面的内容，突出某一方面的含义，这时就会将原先位于后面的副词提到前面来，像表总括的范围副词"都"和"全"被提到前面后，就更能突出和强调总括的对象。例（6）和例（1）比较起来，"都"位于"曾经"前面后，更加突出"他们"作为一个整体所共有的特点——"曾经在农场工作过"。

袁毓林（2002）也认为当时间副词跟表总括的范围副词共现时，一般情况下是时间副词居前，总括范围副词在后，而且少数时间副词只能居于总括范围副词之前。例如：

（11）好菜<u>终于</u>全上了桌面。→ *好菜全<u>终于</u>上了桌面。

（12）有关问题<u>到底</u>都解决了。→ *有关问题都<u>到底</u>解决了。

"终于"和"到底"等时间副词含有很强的语气，"终于"表示经过较长的过程最后出现了某种所期望的结果，"到底"是经过种种变化最后出现了某种所期望的情况。它们包含了［＋语气］的语义特征，因此可以像语气副词一样居于主语之前。

13.2　时间副词居后的情况

语气副词通常居于其他副词之前，这是由语气副词的语法属性所决定的，语气副词所表达的是句子基本命题之外的模态（modal 或 modality）性成分，往往表示说话人对于句子所表达的基本命题的总体性态度或评价。因此，语气副词跟谓语动词关系相对疏远，可以远离谓语动词。时间副词是命题时态的重要参照，因此，它与句子所表达的基本命题直接相关，位于语气副词之后。例如：

（13）他其实<u>早</u>吃饱了。→ *他<u>早</u>其实吃饱了。→其实他<u>早</u>吃饱了。

（14）他好像<u>已经</u>结婚了。→ *他<u>已经</u>好像结婚了。→好像他<u>已经</u>结婚了。

此外，有少数时间副词只能用在总括副词之后。例如：

（15）他和小明都<u>刚</u>下课。→ *他和小明<u>刚</u>都下课。

（16）一家人全<u>在</u>看电视。→ *一家人<u>在</u>全看电视。

（17）孩子们都<u>正在</u>做游戏。→ *孩子们<u>正在</u>都做游戏。

袁毓林（2002）认为："刚、正、在、正在"等时间副词专门表示时态，按照接近原则，它们应该尽可能地靠近谓语动词；同样地根据接近原则，"都、全"这类表总括的范围副词主要表示前面主语的范围，因此它们应尽可能地靠近主语。当上述两种类型的副词共现时，"总括副词＞时间副词"的排列方式正好符合各自的排序要求。

值得注意的是，绝大多数的时间副词只能居于否定副词之前，但也有极少数的时间副词只能居于否定副词之后。例如：

（18）姐姐不<u>在</u>写作业。→ *姐姐<u>在</u>不写作业。

（19）他不<u>曾</u>去过北京。→ *他<u>曾</u>不去过北京。

"不曾"很像一个书面上的合成词，因此，只能位于否定副词之后的时间副词差不多只有"在"一个。

13.3 时间副词既可居前又可居后的情况

在时间副词与表总括的范围副词连用时，不少时间副词既可居于表总括的范围副词之前，也可居于表总括的范围副词之后。例如：

（20）他们俩都<u>始终</u>不出声。→他们俩<u>始终</u>都不出声。

（21）我们都<u>一直</u>在不停地唱。→我们<u>一直</u>都在不停地唱。

（22）他们都<u>从来</u>不主动付钱。→他们<u>从来</u>都不主动付钱。

（23）他们都<u>忽然</u>停下了脚步。→他们<u>忽然</u>都停下了脚步。

（24）他们都<u>渐渐</u>地长大了。→他们<u>渐渐</u>地都长大了。

（25）他们都<u>预先</u>进行了排练。→他们<u>预先</u>都进行了排练。

按照多项状语的排序规律，时间副词一般位于表总括的范围副词之前，但例（20）～（25）中的时间副词"始终""一直""从来""忽然""渐渐""预先"等多少含有［＋方式］的语义特征，因此，它们在语义上会更靠近谓语动词。而表总括的范围副词会尽可能地靠近主语，且"都"这个表总括的范围副词还含有一点儿［＋语气］的语义特征，这促使它像语气副词一样比较靠前。

另外，极少数的时间副词与否定副词共现时，时间副词既可以居于否定副词之前，也可以居于否定副词之后。例如：

（26）他<u>常</u>不参加家庭聚会。→他不<u>常</u>参加家庭聚会。

（27）妈妈<u>总</u>不听他讲话。→妈妈不<u>总</u>听他讲话。

例（26）和例（27）中的时间副词"常"和"总"是表示频率的时间副词，含有一定的方式义，跟否定副词"不"共现时可以互为先后，表示不同的意义。

时间副词可以与其他多种类别的副词共现连用，并遵循一定的语序规律，袁毓林（2002）在黄河（1990）研究的基础上，从句法、语义、语用和认知的角度对谓语动词前状语位置上多项副词的排序做出了解释，认为制约多项副词共现时语序的原则有三条：一是范围原则，即语义统辖范围大的副词排在语义统辖范围小的副词前面；二是接近原则，即语义上有述谓关系等的联系紧密的成分尽可能靠近，特别是具有算子约束功能的副词①，其应尽可能地靠近受它约束的变量性成分；三是语篇原则，即在语篇上有衔接功能的副词尽可能排在最前面。

14. 时间副词能与名词连用吗？

这里所说的时间副词与名词的连用，主要是指时间副词修饰名词的情况。在汉语语法研究中，时间副词修饰名词的问题也经历了相当长时间的讨论，最开始是针对副词能不能限定名词这一问题，如邢福义（1962）等。多数学者将"一般不受副词修饰"作为名词的语法特征，如朱德熙（1982）等。但"在语言实际运用中，尤其是口语或一些比较接近口语的文体中，副词修饰名词的现象，还是有所见和有所闻的"（张谊生，2000：153），也就是说，在特定情况下，副词是可以修饰名词的，我们关心的是时间副词能否修饰名词，以及哪些时间副词可以修饰名词。

时间副词修饰名词这一语言现象在现代汉语中是客观存在的。从句法角度看，时间副词修饰名词是一种特殊的结构组合关系，实际上这种组合关系与时间副词和被修饰名词的语义有着根本联系。我们发现时间副词修饰名词在结构上主要有以下两种形式：一是"时间副词＋名词"，二是"时间副词（＋的）＋名词"。

14.1　时间副词＋名词

张谊生（2000）列举了一些可以直接用于名词之前的时间副词，例如：将、快、都快、将近、就、将要、马上、快要、又、正、正好、再、恰好、恰巧、才、刚、刚刚、都、早已、早就、才刚、已、已经。

这些时间副词虽然可以修饰名词，但并不意味着任何名词都可以受这些副词

---

① 算子（operator）是形式语义学中的一个术语，《现代语言学词典》（［英］戴维·克里斯特尔编，沈家煊译，2011）中将其解释为"指一个符号或词语表示一个必须运作的变化过程"。袁毓林（2002）从逻辑的观点出发，把副词看作某种算子（operator），把副词所关联的成分看作约束变量（bound variable），副词对于其所关联的成分具有一定的约束功能，这也反映了算子与约束变量之间的关系。算子约束功能即算子对约束变量的约束作用。

的修饰。例如：

（1）现在<u>快</u>夏天了，怎么感觉早上还是有点儿冷？

（2）<u>又</u>星期天了，我们可以出去好好玩儿玩儿了。

（3）*<u>快</u>食堂了，再坚持一会儿吧。

（4）*<u>又</u>年了，我们终于可以出去度假了。

例（1）和例（2）中的名词"夏天""星期天"与例（3）和例（4）中的名词"食堂""年"比较起来，前二者之所以能与其前的时间副词连用主要是因为这些时间名词具有顺序义。"夏天"是"春天、夏天、秋天、冬天"中的一环，而且这四者不停地循环往复；"星期天"是一周中的一天，也是不停地循环往复。这里的"夏天"和"星期天"是具有顺序义和循环特点的时间名词，此时其所处的序列在时轴上周而复始，循环往复。具有循环特点的时间名词在日常生活中运用比较普遍，比如：上旬→中旬→下旬→上旬。前面所提到的循环时间名词在间隔上，即周期上基本相等，另外还存在一些不等距周期和间隔性周期的情况。不等距是指各名词在时轴上的间隔距离不相等或模糊不清，比如中国的部分法定节假日：新年→春节→劳动节→中秋节→国庆节→元旦。间隔性是指前一循环与后一循环之间有或长或短的一段时间差，比如：20 年代→ 30 年代……90 年代→ 20 年代。

顺序义时间名词在序列表达上还存在另外一种情况：时间名词不具有循环义，但具有延续义，因此也具有顺序义表达功能。这类时间名词所表示的序列在时轴上持续向前，有始无终。例如：一小时、两小时、三小时……，一年、两年、三年……整体看来，延续时间名词是开放的系统，而循环时间名词是封闭的系统。

此外，具有顺序义的名词除了上面提到的时间名词，还有指人名词。例如：

（5）他现在<u>已经</u>硕士了。

（6）她现在<u>都</u>大姑娘了，还到处乱跑。

例（5）中的"硕士"是衔位名词，例（6）中的"大姑娘"是年龄名词，可以受时间副词修饰的指人名词通常是上述两类名词。可以受时间副词修饰的衔位名词之间既有类比关系，比如教授与研究员；也有交叉关系，比如师长与少将。

较常用的衔位名词有：小学生、初中生、高中生、大学生、研究生，学士、硕士、博士，助教、讲师、副教授、教授，等等。可以受时间副词修饰的指人名词也呈现出一定的序列性，但具有序列关系的指人名词之间的间距和界限往往是模糊的，如儿童、少年、青年、壮年、中年、老年等。

另外，有的名词本身不具有顺序义，但是在特殊语境下可以临时获得顺序义，此时它们也可以受时间副词修饰。这类名词以处所名词为主，当某些处所名词刚好位于同一序列的各个点上时，其在使用中就会临时具有顺序义。例如：

（7）现在都南京了，<u>马上</u>上海了。

例（7）中的处所名词"南京""上海"是具体线路上的点，按照一定的顺序排列，且这顺序是可逆的。

值得注意的是，绝大多数顺序义名词需要带上动态助词"了"才可以受时间副词的修饰，"才、正、将、正好、恰好"等少数几个副词是例外。对此，张谊生（2000：159）认为"这是因为顺序义名词所蕴涵的变动不居、相互关联的语义特征，必须进入动态的言语中，才能充分显示出来，而'了'的作用就在于使其言语化、动态化"。

14.2　时间副词（＋的）＋名词

时间副词与名词的组合还体现在"时间副词（＋的）＋名词"结构中，学者们通常将这一组合中的时间副词看作定语。周丽颖（2007）根据陆俭明、马真（1999）所列出的时间副词，对时间副词做定语的现象进行了统计，发现能做名词定语的时间副词有20多个。在这些可以做定语的时间副词中，使用频率较高的有"永远、向来、历来、一向、曾经"等，其余时间副词用例很少。与时间副词进入这一结构受限一样，并不是所有名词都可以进入这个结构充当中心语，它们属于特定的语义类型。

周丽颖（2007）将这一结构中的名词中心语分为11种类型，分别是：（1）中心语本身表示时间，如"曾经的历史"；（2）中心语表示环境、气氛、自然现象等，如"骤然的光亮、渐渐的湿雾、偶尔的季风天气"；（3）中心语表示人物情态，如"偶尔的娇态、刚刚的绅士风度"；（4）中心语表示人的行为、看法等，如"一向的想法、曾经的罪过"；（5）中心语表示事件、事情、问题等，如"一下子的好事、而后的海湾战争、迟早的问题"；（6）中心语表示具有稳固性的风俗、习惯、信念、法律、法规等，如"一向的宗旨、向来的信念"；（7）中心语表示身体、心灵的创伤及社会的评价等，如"永远的谥号、永远的伤疤"；（8）中心语表示具有顺序义的事物，如"随后的旅途、随后的条款"；（9）中心语表示普通的人或事物等，如"历来的文学史家"；（10）中心语是特定的人或事物，如"永远的潘虹阿姨、永远的可口可乐"；（11）中心语表示其他抽象概念，如"一度的姻缘、有时的意思"。

为什么列举的这 11 类名词可以受时间副词修饰呢？这里面除了有时间名词外，还有其他一些普通名词，时间副词能够对全部名词进行限定吗？我们发现，这些做中心语的名词都具有时间性，要么表现为内在的时间性，要么表现为外在的时间性。刘顺（2003）认为：名词的内在时间性是指名词所指的事物具有可以随时间而展开的可能的内部过程，这个过程包括起点、续段、终点三个部分；外在时间性是指事物在外部世界的时间流逝过程中的时间表现，是名词所指的事物与外部时间过程的关系。简单而言，时间副词之所以能与名词组合构成"时间副词（＋的）＋名词"，主要是因为作为中心语的名词具有时间性，当名词具有了时间性特征，它与时间副词就具有了共同的语义特征，进而能够组合。在具体的组合过程中，不同的时间副词提取这些名词不同的时间义，互相选择，互相匹配。

15. 同类时间副词能连用吗？

现代汉语副词的共现与连用现象，我们在前面已经提到过，在对副词共现与连用的研究中，学者们关注较多的是不同类别副词的连用顺序和共现限制，但对于同类副词的连用则着力较少，具体到时间副词来说，这方面的研究也显得非常薄弱。时间副词是现代汉语副词中较为庞杂的一个次类，内部成员在语言使用中存在大量的连用现象，我们有必要厘清它们之间的连用类型及连用规则，这对于汉语教学者和学习者更深入地了解和使用时间副词是大有裨益的。

我们将时间副词分为表时时间副词、表频时间副词和表序时间副词三类，本节主要关注同类时间副词的连用情况。

15.1 表时时间副词

表时时间副词可以分为表时点时间副词和表时段时间副词，或者有定时间副词和无定时间副词，时点和时段主要表示时制概念，有定和无定主要表示时态概念。表时时间副词可以连用，简单概括起来有三类：一类是时制副词与时态副词连用，一类是时制副词与时制副词连用，一类是时态副词与时态副词连用。当时制副词与时态副词连用时，内部又可以分为两种情况：一种是表时制的时间副词在前，表时态的时间副词在后；一种是表时态的时间副词在前，表时制的时间副词在后。

15.1.1 时制副词与时态副词连用

（一）时制副词在前，时态副词在后

时制副词包括时点副词和时段副词，时态副词包括有定副词和无定副词，时制副词与时态副词连用又可进一步细分为"时点＋无定"和"时段＋无定"两种情况。例如：

（1）我侧头看张一眼，没想到他也<u>刚刚在</u>看我，我只好大方地一笑，避开他目光。

（2）肖复兴一连几天<u>一直在</u>听 CocteauTwins，确实很别致，与众多的流行歌手拉开了不小的距离。

例（1）中的"刚刚"表时点概念，"在"是无定时间副词，是"时点＋无定"组合模式；例（2）中的"一直"表时段概念，"在"是无定时间副词，是"时段＋无定"组合模式。值得注意的是，"时点＋无定"和"时段＋无定"组合模式所在句中通常会出现一些表示时点、时段的词，或者其他表时的结构与单位，可以理解为时间明示语，这些词语或结构一般会位于时间副词之前，如例（1）中时间副词之前"我侧头看张一眼"里的"一眼"这一数量结构凸显了时点义，例（2）中也有"几天"这样的数量结构表达时段义。

（二）时态副词在前，时制副词在后

时态副词在前、时制副词在后的情况也可以分为两类：无定＋时点、无定＋时段。例如：

（3）此外，伊朗官员还警告说，一旦面临国际制裁威胁，伊朗<u>将立刻</u>停止向国际市场每日提供 240 万桶原油。

（4）年轻的一代，或许都相信那样的日子<u>将永远一直</u>地持续下去。

例（3）中的"将"是无定时间副词，"立刻"表时点概念，是"无定＋时点"组合模式；例（4）中的"将"和"永远"是无定时间副词，"一直"表时段概念，是"无定＋时段"组合模式。

15.1.2　时制副词与时制副词连用

时制副词与时制副词的连用主要是指"时点＋时点"这种连用类型。例如：

（5）旋即，小杜<u>忽地一下子</u>从地上站起来，追向盗贼，他跑了三五步，便倒在血泊中，再也没有起来。

（6）音乐<u>突然一下子</u>停止了，观众爆发出热烈的掌声与欢呼声。

这两例中的"忽地""突然""一下子"都表示事件在瞬间发生，时间持续性较弱，表时点概念。

15.1.3　时态副词与时态副词连用

时态副词与时态副词的连用主要是指同类时态副词的连用，分为"有定＋有定"和"无定＋无定"两种情况。例如：

（7）她们依靠老将茅菊兰和孙玥的强攻屡屡得分，<u>一度曾经</u>握有场上主动权。

（8）其实她<u>已经快要</u>倒下来了。

例（7）中的"一度"和"曾经"是有定时间副词，例（8）中的"已经"和"快要"是无定时间副词。

15.2　表频时间副词

表频率的时间副词根据单位时间内的频次多少，可以分为低频时间副词、中频时间副词、高频时间副词。这三类表频时间副词能够连用，我们将其连用情况分为两类：一类是同类连用，一类是不同类连用。

15.2.1　同类连用

同类表频时间副词的连用可以分为以下三种情况：高频＋高频、中频＋中频、低频＋低频。例如：

（9）幼儿<u>总是不停</u>地做各种动作，不停地变换活动方式。

（10）在那里，他<u>经常不断</u>地向他的顾客们谈起那桩奇怪的、令人难以忘怀的事。

（11）他<u>不时地频频</u>点头。

（12）我<u>有时偶尔</u>下班晚了一点儿，他就会到车站去接我。

例（9）中的"总是"和"不停"是高频时间副词，例（10）中的"经常"和"不断"是中频时间副词，例（11）中的"不时"和"频频"也是中频时间副词，例（12）中的"有时"和"偶尔"是低频时间副词。值得注意的是，这几个例子中同类表频时间副词的语序不能变换，这主要是由副词本身的语法属性所决定的。"总是"除了表达时间义外，还可以在此基础上表达主观义，因此它与谓语动词的距离相对较远；"有时"除了可以位于主语后、谓语前之外，还可以位于主语前，因此它与谓语动词的距离也相对较远；而在中频时间副词的连用中，副词本身的语义特点也决定着它们的连用顺序。史金生（2011）认为："常常、往往"这类副词主要表示动作、事件或状况发生的频率，它们是从外部观察动作、事件或状况的重复情况；"长期、久久"等都是表示延续的，它们是从内部观察动作、事件或状况的延续情况。从人类的认知特点看，人们一般先处理简单的、易加工的信息，后处理复杂的、不易加工的信息。人们对于一个动作或事件，也是先从外部特征开始，逐渐深入内部观察其过程，例（10）和例（11）中两个中频时间副词的连用也反映了这种认知规律。"经常"和"不时"可以看作外部观察视角，而"不断"和"频频"可以看作内部观察视角。

15.2.2　不同类连用

不同类表频时间副词的连用主要是中频时间副词和高频时间副词的连用，根据连用顺序可以分为以下两种情况：一种是"中频＋高频"，一种是"高频＋中频"。例如：

（13）吴健雄<u>通常总是</u>早上六点就去，等病人一停止治疗，她马上就开始工作。

（14）当他扫视着荒凉的地平线时，他<u>总是不时</u>地不知什么原因对自己独自笑笑。

例（13）中的"通常"和"总是"分别是中频时间副词和高频时间副词，例（14）中的"总是"和"不时"分别是高频时间副词和中频时间副词。史金生（2011）认为"通常"是表时间频率类的中频副词，高频副词中主要是"总、总是"与表时间频率类的中频副词连用，这种情况下一般是中频在前、高频在后。

15.3　表序时间副词

表序时间副词可以分为表次序和表重复两类，按照连用顺序可以分为三种情况：一种是"次序＋重复"，一种是"重复＋次序"，一种是"重复＋重复"。例如：

（15）总队<u>随即又</u>从大兴安岭、兴安盟、哲里木盟、赤峰市支队紧急调动一千多名官兵奔赴火场，与大火展开了激烈的搏斗。

（16）采摘橄榄的巴勒斯坦工人<u>随后重新</u>开始工作。

（17）梁武帝死后，侯景<u>又先后</u>立了两个梁朝皇帝当傀儡。

（18）出狱后，他<u>又重新</u>继续写作，临死时，他对人辩说那个案子他是冤枉的。

（19）飞机在起飞前，我<u>又再三</u>提醒机组同志，沉着从容地做好起飞前的检查。

"随即""随后""先后"是表次序的时间副词，"又""重新""再三"是表重复的时间副词。因此，例（15）和例（16）中的表序时间副词连用属于"次序＋重复"这一类型，例（17）中的表序时间副词连用属于"重复＋次序"这一类型，例（18）和例（19）中的表序时间副词连用属于"重复＋重复"这一类型。

16. 不同类时间副词能连用吗?

上一节中我们主要讨论了同类时间副词的连用情况，这一节中我们看一下不同类时间副词的连用情况。

在时间副词的研究中，由于学者们对于时间副词的界定不一样，尽管有时不是单独讨论时间副词的连用情况，但在关于多项副词做状语的共现语序的讨论中通常会涉及不同类别时间副词的连用情况。例如，黄河（1990）和张谊生（1996a）对句子主要谓语动词前状语位置上的副词连用时的顺序进行了说明（具体可参考本书第 13 节相关部分）。

我们所界定的时间副词包含表时、表频、表序三大类，可以看出，黄河（1990）所提到的"重复"类副词其实是我们所说的表序类时间副词，张谊生（1996a）所提到的"时间副词""频率副词"和"重复副词"分别是我们所说的表时时间副词、表频时间副词和表序时间副词。

根据已有研究论述，我们发现，这三个不同类别的时间副词连用时，一般遵循以下排序规律（">"表示先于）：表时时间副词>表频时间副词>表序时间副词。也就是说，一般而言，不同类时间副词连用时，表时时间副词先于表频时间副词，而表频时间副词又先于表序时间副词。按照这个基本表序规律，我们发现不同类时间副词的连用主要包括以下三种类型：表时时间副词＋表频时间副词、表时时间副词＋表序时间副词、表频时间副词＋表序时间副词。

16.1　表时时间副词＋表频时间副词

表时时间副词通常位于表频时间副词之前。例如：

（1）他就常常请吕布到他家里，一起喝酒聊天儿。

（2）这并非故意"抬杠"，而是已经经常出现的笑话。

（3）多年来，中、日、韩音乐或戏剧已屡屡在爱丁堡国际艺术节上登台亮相。

（4）我听说他曾经常常进入老林一带，而他对于各种各样的怪事也拥有丰富的经验。

（5）中国曾经老是美慕洋人，不远的将来，洋人会美慕我们中国的繁荣富强。

（6）那套旧房子，他曾经偶尔去过一下，不过那是很久以前了。

例（1）～（6）中的"就""已经""已""曾经"都是表时时间副词，从时态表达看，既有有定时间副词，如"曾经"，也有无定时间副词，如"就""已经""已"，既有单音节形式，也有双音节形式。上述例子中的"常常""经常""屡屡""老是""偶尔"都是表频时间副词，其中有表高频的"老是"，有表中频的"常常""经常""屡屡"，也有表低频的"偶尔"。从语义统辖范围看，表时时间副词统辖范围大于表频时间副词，因此它通常居前。

16.2   表时时间副词 + 表序时间副词

表时时间副词通常位于表序时间副词之前。例如：

（7）他颇为自豪地说，从 1985 年到 1993 年，他已经先后 4 次应邀到中国访问和参观。

（8）他曾经先后八次从建州骑着马到北京，向明朝皇帝朝贡。

（9）我忽然又有了影子，又成了热门新闻，家里电话不断，敲门不断，我甚至考虑着躲到外面去住几天。

（10）因此，虽然对方觉得此议题已无再谈下去的必要，但若男仍旧再三地使用"话中插话"的缓动技巧，努力地把话题拉回判决有效与否的问题上。

（11）你已经一再表现出这样的放肆无礼，我不能再容忍了。

（12）在父母年老失去劳动能力时，父子将重新合在一起生活。

例（7）～（12）中的"已经""曾经""忽然""仍旧""将"是表时时间副词，其中"曾经"是有定时态表达，"已经"和"将"是无定时态表达，"忽然"是时点表达，而"仍旧"是时段表达；"先后""又""再三""一再""重新"是表序时间副词，其中"先后"表达次序概念，而"又""再三""一再"和"重新"表达重复概念。

整体而言，表时时间副词和表序时间副词的连用较为自由，通常表时时间副词在前，表序时间副词在后。个别时间副词的连用受到语义因素等其他因素的制约，我们这里所谈到的连用顺序是整体倾向性规律。

16.3   表频时间副词 + 表序时间副词

表频时间副词通常位于表序时间副词之前。例如：

（13）每次出差返京，如果是在白天，他<u>总是先</u>赶到单位汇报工作，处理问题，然后再回家，而且也从来没提出过串休。

（14）于是，<u>我常常一再</u>回味自己批评犀吉那种伦理家的话语，感到有些自我厌恶。

（15）牛肉汤又笑了："没有钱也没关系，如果你<u>偶尔又</u>吃错了药，我还是可以偶尔再改一次行的。"

例（13）～（15）中的"总是""常常"和"偶尔"是表频时间副词，这三者分别表示高频、中频和低频；"先""一再"和"又"是表序时间副词，其中"先"表示次序，"一再"和"又"表示重复。

史金生（2011）也注意到"常常"和"一再"这两个副词的连用情况，但他的时间副词分类与我们的分类并不一致，他将"一再、再三"和"常常、往往"都归为中频时间副词，但分属两个不同的小类。"一再"等作用于动作，表示动作在短时间内多次重复；而"常常"等可以作用于事件或状况，表示事件或状况发生的频率。从这个角度来分析，"常常"等的作用范围大于"一再"等的作用范围，而后者与动词的联系较之前者而言也更紧密，因此"常常"等表频时间副词通常位于"一再"等表序时间副词之前，这也符合认知的基本规律。

上述我们谈到的这三类时间副词的连用主要是指两项连用的情况，在实际使用中也存在三项连用的情况，但相比两项连用而言较少，而且连用顺序和规律也基本与这里讨论的两项连用一致。此外，也存在两项时间副词断续使用的情况，共现顺序与连用时一致。例如：

（16）他<u>经常</u>当着我们的面<u>频频</u>地赞扬小明。

此外，由于有些时间副词具有多功能性，在连用时会存在与上述共现顺序不一致的情况，但只是个别现象。例如：

（17）他呀，整天不在家，<u>有时刚</u>端起饭碗又往外走。

例（17）中的"有时"是表频时间副词，"刚"是表时时间副词，这里的共现顺序是不符合前文所述"表时时间副词＋表频时间副词"的一般规律的，那么为什么会出现这种反常规表达呢？这主要是由"有时"这个副词本身的语法属性所决定的，"有时"虽然是低频时间副词，但它具有较强的篇章衔接功能，因此在与其他时间副词连用时可位于其他时间副词之前。

17. 时间副词有否定形式吗？

我们这里所说的"时间副词的否定"指的是时间副词与否定副词的组合问题，即时间副词与否定副词是否可以连用，以及连用时的语序如何。

时间副词可以与否定副词连用吗？答案是肯定的。围绕副词的共现，讨论较多的是不同类副词的共现顺序问题，以往学者们对多项做状语的副词的共现研究中多少都会提及时间副词与否定副词的连用，普遍认为倾向性共现顺序是：时间副词＞否定副词。

实际上，时间副词与否定副词共现时的语序问题比较复杂，我们需要进一步考虑以下问题：是否所有的时间副词都能跟否定副词连用。答案是否定的。

根据时间副词与否定副词的组合情况，我们可以将时间副词分为两类：一类是可以与否定副词连用的时间副词，一类是不能与否定副词连用的时间副词。

17.1　可以与否定副词连用的时间副词

大多数时间副词是可以与否定副词连用的，时间副词与否定副词连用时的顺序可以分为以下三种：一是时间副词只能居于否定副词之前，二是时间副词只能居于否定副词之后，三是时间副词与否定副词的位置前后两可。

17.1.1　时间副词只能居于否定副词之前

在时间副词中有一部分成员只能居于否定副词之前，二者的位置一般不能互换。例如：

（1）这一切都已经不重要了。

（2）詹姆斯曾经不想加入骑士队。

（3）如果一个人一直不愿意变老，那他就永远不会幸福，因为他终究是要变老的。

（4）她立刻<u>不</u>唱了。

（5）小马的书<u>仍然没</u>还上，好在当时他就没把这当回事。

（6）当我久久徘徊于那些作品之间，<u>再三不</u>愿跨步，担心这一跨就要失去什么，甚至将会留下永久的遗憾，我的腿就在那幅《山街》和《黄河万里图》前面停了下来。

上述例子中的时间副词与否定副词"不"或"没"的位置通常不能互换，一般只能居于否定副词之前的时间副词除了上述提到的"已经、曾经、一直、立刻、仍然、再三"，还有"从、从来、老、一向、向来、历来、仍、永远、已、早、刚、刚刚、往往、赶紧、赶快、赶忙、连忙、忽然、渐渐"等。

值得注意的是，上述这几例中的时间副词与否定副词搭配都是在陈述句中出现的，此时这些时间副词只能居于否定副词之前，但当这些时间副词和否定副词在虚拟句中共现时，它们之间的位置关系可能发生变化。例如：

（7）你怎么还<u>不赶快</u>回家啊，马上就要下雨了。

（8）其实带着他们蛮麻烦的，反正<u>不一直</u>都是这样子的吗？

17.1.2 时间副词只能居于否定副词之后

在时间副词中有极少数成员只能居于否定副词之后，常见的只有"在"有这种用法。例如：

（9）姐姐<u>没在</u>写作业，她在看电影呢。

（10）爸爸<u>没在</u>厨房做饭，他在客厅看电视呢。

（11）他发现马哲已经<u>不在</u>听了，便停止不说。

例（9）～（11）中的时间副词"在"不能与否定副词"不"或"没"变换位置，其只能位于否定副词之后。

17.1.3 时间副词与否定副词的位置前后两可

有些时间副词在和否定副词连用时，既可以位于否定副词之前，也可以位于否定副词之后。在具体使用中，时间副词与否定副词位置的前后是可以根据语义表达需要而做出调整或选择的。例如：

（12）他<u>常不</u>在家。→他<u>不常</u>在家。

（13）他<u>总不</u>在家吃饭。→他<u>不总</u>在家吃饭。

时间副词与否定副词前后位置的不同会引起语义表达差异。如例（12）中，"他常不在家"强调的是"他不在家"这件事发生的频率较高，而"他不常在家"是强调"他在家"这件事发生的频率比较低。与否定副词位置前后均可的时间副词还有"经常、老"等。

17.2　不能与否定副词连用的时间副词

有少数时间副词不能与否定副词连用，否定副词既不能位于时间副词之前，也不能位于时间副词之后。例如：

（14）妈妈<u>正在</u>打扫卫生。→ *妈妈<u>不正</u>在打扫卫生。→ *妈妈<u>正在</u>不打扫卫生。

具有这种特征的常见时间副词还有"正、方、忽、乍、渐、业经"等，从音节角度看，单音节时间副词受到的限制会更多。

袁毓林（2002）对"不"与时间副词共现时的语序问题做了系统深入的研究，他认为绝大多数时间副词是无选择性的算子，可以约束已经受约束的变量（bound variable），所以通常居于否定副词之前。但是也存在两种比较特殊的极性时间副词：一种是像"从来"这样的负极性（negative polar）时间副词，要求其后有否定性成分共现；一种是像"正、正在"这样的正极性（positive polar）时间副词，其前后都不允许否定性成分共现。此外，"在"是多少含有方式义的时间副词，对谓词有一定的选择性，跟"不"共现时只能居于"不"后。"常、常常"是表频时间副词，在表示频率的同时还含有一定的方式义，因此跟"不"共现时可以互为先后，表达不同的意义。

18. 时间副词的肯定和否定是对称的吗？

上一节中我们讨论了时间副词与否定副词的共现问题，由否定自然会考虑到它的相反面——肯定，肯定和否定涉及汉语学习的方方面面。在有时间副词参与成句的表达中，是否所有的时间副词都可以修饰肯定和否定成分？是否所有的时间副词与否定副词共现时语序都一致？

　　上述两个问题反映了与时间副词相关的肯定和否定的对称与否问题，事实上，与时间副词相关的肯定和否定是不对称的，这主要体现在两个方面：一是不是所有的时间副词都可以与表肯定或表否定的成分连用，二是时间副词与否定副词共现时位置并不统一。关于时间副词与否定副词的共现语序，在上一节的讨论中我们看到了时间副词与否定表达的不对称，这一节中我们主要关注时间副词用于肯定结构和否定结构时的不对称现象。

　　一般来说，时间副词的肯定和否定在形式表现上是对称的。例如：

　　（1）我<u>仍然</u>去图书馆。→我<u>仍然没有</u>/不去图书馆。

　　（2）他<u>一直</u>喜欢体育运动。→他<u>一直</u>不喜欢体育运动。

　　然而，语言事实没有这么理想，时间副词的肯定和否定存在大量的不对称现象，汉语学习者由于忽视时间副词的肯定与否定的不对称，在语言使用过程中极易通过简单类推将肯定表达转化为否定表达，进而产生大量偏误。因此，在汉语教学和学习过程中，时间副词的肯定与否定不对称问题应该受到重视。

　　我们这里所说的时间副词的肯定和否定是指时间副词用于肯定结构和否定结构，时间副词通常被看作虚词的一个次类，它的句法功能主要是作为修饰成分限定其他成分，而很少被其他成分修饰限定。因此，这里的肯定和否定是对于时间副词所修饰的成分而言的，即这些被修饰成分是肯定形式还是否定形式。

　　这里所提到的否定形式主要有两种：一种是由否定词"不"构成的否定结构，一种是由否定词"没有"构成的否定结构（我们不特别区分副词的"没有"和动词的"没有"，也不特别区分"没"和"没有"）。肯定形式是指不包括否定成分"不/没（没有）"的结构。根据时间副词与肯定结构和否定结构的组合情况，我们发现，有些时间副词只能用于或多用于肯定结构，有些时间副词只能用于或多用于否定结构，而有些时间副词对所修饰成分的肯定与否没有特别要求。

18.1　时间副词只能用于或多用于肯定结构

有一部分时间副词只能用于或多用于肯定结构，通常不出现在否定结构中。

例如：

（3）他**刚**离开这里。

（4）**快要**上到山顶，一切也更分明了。

（5）光头男**不时**地举起手腕看着手表。

（6）这时，整个杭氏家族的人才恍然大悟，**重新**一起跪下，齐声痛哭。

如果将例（3）～（6）中时间副词所修饰的成分由肯定形式变为否定形式，则句子是很难接受的。例如：

（7）*他**刚不/没有**离开这里。

（8）***快要不/没有**上到山顶，一切也更分明了。

（9）*光头男**不时**地**不/没有**举起手腕看着手表。

（10）*这时，整个杭氏家族的人才恍然大悟，**重新不/没有**一起跪下，齐声痛哭。

除了上面提到的"刚、快要、不时、重新"外，还有一部分时间副词只能用于肯定结构，如"不断、趁早、迟早、初、匆、匆匆、都、方、赶紧、赶快、赶忙、即将、渐、将、将要、偶尔、频、频频、一时"等。宋晓娟（2008）收录了 176 个时间副词，经考察发现，只用于或多用于肯定结构的时间副词有 76 个，在整个时间副词中占比约为 43.2%。

为什么很多时间副词只能在肯定结构中出现呢？这主要是由时间副词本身的表意特点所决定的，在此，我们通过几类比较有特点的时间副词进行说明。

前面我们也提到了"正在、在"等时间副词不能与否定副词连用的情况，"正在、在"表示动作行为正在进行中，而否定结构用于否定动作行为的存在或发生，二者语义矛盾，所以"正在、在"等时间副词是不能修饰否定结构的。

"将、将要"等时间副词是表示尚未发生但必然会发生的事件，而否定结构是对已发生事件的否定，语义上的矛盾使得它们无法共现。其他只能用于或多用于修饰肯定结构的时间副词之所以不能与否定结构共现，主要也是因为时间副词本身对事件的限制与否定表达产生的语义冲突，语义冲突在句法结构中的表现就是二者不能共现。

18.2　时间副词可以用于肯定或否定结构

在时间副词中，有一部分时间副词既可以用于肯定结构，也可以用于否定结构，即既可以修饰肯定结构，也可以修饰否定结构，属于肯定否定结构兼用的时间副词。例如：

（11）据她说，妻子<u>常常</u>一个人坐在花园的金银花底下发呆。

（12）我知道她这几天吃得很少，甚至<u>常常不</u>吃东西。

（13）孙少平知道，这是因为书记家合拢口的时候，他<u>曾经</u>"揭发"过他，让他失了面子。

（14）这儿我本可做一些正派的描述，因为在少年时我也<u>曾经不</u>动心。

（15）他一听到她那年轻的声音，脸上<u>顿时</u>一亮。

（16）钱谦益被她一言点醒，<u>顿时不</u>作声了。

既可以修饰肯定结构又可以修饰否定结构的时间副词在时间副词中所占比例比较高，据宋晓娟（2008），这类时间副词共 92 个，约占整个时间副词的一半，常见的有"永远、曾、便、从来、忽然、忽地、还、就、立刻、老、经常、屡屡、仍然、一下"等。

18.3　时间副词只能用于或多用于否定结构

在时间副词中有极少数时间副词只能用于否定结构，严格意义上来说，只有"从"这一个时间副词。例如：

（17）可是大考对我毫无压力，我也<u>从不</u>"开夜车"，我的同学都知道。

（18）他<u>从没</u>与儿子谈过话，这还是第一次与他握手。

另外有一些时间副词多用于否定结构，主要有"从来、始终、根本、压根儿"等。例如：

（19）您知道吗，我一直努力着，想当个好法官，我<u>从来不</u>三心二意，也不偷懒。

（20）他<u>始终</u>不习惯于富有之家的生活，他觉得自己腐化了。

（21）我应该早告诉她，那混蛋对她<u>根本不</u>上心。

（22）不过，我不喜欢这儿赚钱的那种方式，老实说，与我所想象的<u>压根儿</u>

<u>不一样</u>。

上述提到的时间副词的肯定与否定不对称问题是基于共现规律的倾向性说明，共现顺序除了受语法制约之外，在某些特定语境中还可能会受到韵律、语义、语用、语言心理等因素的制约。（李宇明，2000）

19. 时间副词与动态助词如何搭配使用？

我们已经在第 3 节讨论了时间表达与时间副词的关系，时间副词、时间名词、动态助词和事态语气词是现代汉语主要的时间意义表达手段。作为时间表达的方式之一，现代汉语时间副词既可以表达时制概念，也可以表达时态概念；时间名词主要表达时制概念，语义最实在；动态助词和事态语气词语法化程度较高，主要表达时态概念。因此，时间副词是介于时间名词及动态助词、事态语气词之间的时间表达。

时态是观察事件在时间进程中的构成的方式，汉语中的态主要由三个典型的动态助词"了、着、过"表示。时间副词也具有表态功能，那么时间副词能与这三个动态助词搭配使用吗？它们共现时的顺序如何？它们的共现受到哪些因素制约？这一节中我们主要讨论这些问题。

19.1 时间副词与动态助词的组合语序

现代汉语中的时间副词与动态助词之间具有配合关系，如"已经"与"了"，"曾经"与"过"，"在、正在"与"着"，等等。例如：

（1）我屏住呼吸，<u>早已</u>忘<u>了</u>银幕外的世界。

（2）我<u>曾经</u>做<u>过</u>一个项目，在那个项目上我负责固定资产。

（3）现代科学技术<u>正在</u>经历<u>着</u>一场伟大的革命。

这里作为动态助词的"了、过、着"主要表达时态意义。其中，"了"表示动作或事件的完成态，通常被看作完成体标记；"过"表示动作或事件的经历态，通常被看作经历体标记；"着"表示动作或事件的持续态，通常被看作持续体标记。

从句法修饰关系看，时间副词是修饰、限定谓语的成分，在不考虑语用移位的前提下，它是位于动词或形容词前的；而动态助词语法化程度较高，只能后附于动词或形容词。从语义关系看，时间副词与动态助词的语义辖域也不同，时间副词以受其修饰、限定的整个谓词短语为其语义辖域，而动态助词通常只能以它所附着的动词或形容词为其语义辖域。如例（1）～（3）中的时间副词"早已""曾经""正在"位于谓语动词"忘""做""经历"前，"早已""曾经、正在"在语义上所管辖的是包含谓语动词在内的整个事件；动态助词"了""过""着"则只能后附于谓语动词"忘""做""经历"，在语义上也只是对谓语动词时态特征上的限制，与谓语动词之后的宾语关系不大。

因此，时间副词与动态助词的连用顺序可以表述为（">"表示先于）：时间副词＞动词／形容词＞动态助词。

19.2　时间副词与动态助词的选择倾向

时间副词与动态助词的搭配具有一定的倾向性，但同一个时间副词也可以与不同的动态助词共现，同样，带同一个动态助词的动词也可以受不同时间副词的修饰。例如：

（4）街道上湿黏黏的，秋天的落叶已经成了初冬的泥。

（5）刚才已经洗过脸了，现在继续洗脸。

（6）借着街道那边隐约飘来的亮光，他发现江岸上已经坐着两个垂钓的人。

（7）那么多年，他是不是曾经喜欢过别人。

（8）去年夏天刚去过，印象还很深刻。

（9）它当时最瘦最小，身上一度生过癞疮，被逐出狗窝。

时间副词"已经"经常与"了"共现，但也可以与"过、着"共现，动态助词的选择不同，所表达的动作或事件状态也会有所不同。例（4）中的"已经成了"表示事件在时间参照点之前已完成；例（5）中有时间名词"刚才"表达时制概念，"已经洗过"表示"洗脸"这件事在"刚才"经历过；例（6）中的"已经坐着"表示在"他"发现之前，这两个垂钓人已经坐在那里，并且一直持续到"他"发现之时，表达持续态。例（7）～（9）中，谓语动词后都有共同的动态助词"过",但可以与不同的时间副词"曾经""刚""一度"共现,它们在事件表达中呈现出时制上的差异。"曾经"是表过去的时制副词;"刚"表达时点概念;"一度"在表过去时制的同时,还表达时段概念。

从范围上看,并不是所有的时间副词都能与动态助词连用。史金生、胡晓萍(2004)认为,总体上,频率副词很少与动态助词"了、着、过"同现,具体到每一个词会有所不同。这里所指的频率副词比我们所说的表频时间副词范围要广,主要是中频副词比我们所说的中频时间副词范围要广。史金生、胡晓萍(2004)的频率副词系统中包括高频(如"总、老")、中频和低频(如"有时、偶尔")三类。其中中频又分为两类,一类是表示动作频率的(如"频频、再三"),一类是表示事件频率的(如"往往、常常"),其实这里的"再三"属于我们所说的表序时间副词中表重复的时间副词。

时间副词与动态助词的搭配有时具有很强的个体性,"频频"和"屡屡"都是表中频的时间副词,但在与动态助词的搭配上存在一定的差异。例如:

(10)海豚频频鸣叫着,像是在召唤顽固的洁西。

(11)*海豚频频鸣叫过,像是在召唤顽固的洁西。

(12)*海豚频频鸣叫了,像是在召唤顽固的洁西。

"频频"与"着"连用较多,当例(10)中的动态助词"着"换为"过"和"了"时,句子表达难以接受,但也很难说"频频"后的动词不能带"过"和"了",因为在实际的语料中存在"频频"与"过"或"了"共现的情况,只不过相对于"频频"与"着"的共现,使用频率较低。例如:

(13)我比较认真地翻过二十六种李奎报同时代人和后世人撰著的朝鲜古代汉文诗话,大多都以赞颂的笔触频频写到过李奎报。

(14)他从去年起就注意到,美剧中频频出现了中国元素和学中文的热潮。

史金生、胡晓萍(2004)认为"屡屡"后面的动词有时可以带"了",但不能带"着",但在实际语料搜集过程中,我们也发现了"屡屡"后面的动词带"着"的语例,只不过这种搭配在使用频率上较低。"屡屡"与"过"的共现也比较少见。例如:

(15)历次选举的结果,似乎也屡屡证明了这种说法。

（16）但是，上市公司还是<u>屡屡</u>发生<u>着</u>不该发生的事情。

（17）像王华这样的"村官"职务被乡镇党委政府撤换的"遭遇"，在全国范围来说，已经<u>屡屡</u>发生<u>过</u>。

表重复的时间副词"一再"和"再三"对"了、着、过"的选择比较严格，它们与"了、着、过"共现的实例不是很多。

表时时间副词能否与动态助词共现需要考虑二者在时间表达上是否冲突，如果表时上冲突，则不能共现。例如：

（18）他<u>现在</u><u>正</u>看<u>着</u>电视。

（19）*他<u>现在</u><u>正</u>看<u>了</u>电视。

（20）*他<u>现在</u><u>正</u>看<u>过</u>电视。

这几例中的"正"只能与动态助词"着"共现，一方面是受到"正"表示持续态的影响，另一方面是受到句中时间名词"现在"的时间制约。因此，对于时间副词与动态助词的共现，首先要考虑二者的时态表达是否存在语义冲突，二者如果存在表意冲突，则不能共现。

受到个体差异的影响，时间副词对三个动态助词的选择并不是均衡的，史金生、胡晓萍（2004）在对动量副词与"了、着、过"共现的研究中总结了这类副词对动态助词的选择序列（">"表示优先）：着＞了＞过。由上面的分析可以看出，这个序列只是一种倾向性排序，在实际语言运用中很难说某个时间副词不能与某个动态助词搭配，只是某些时间副词倾向于选择某个动态助词。因此，在时间副词与动态助词的组合问题上，还需要考虑具体语境中动词、音节等因素的制约情况。

20. 时间副词能与动词重叠式组合吗？[①]

时间副词的基本句法功能是做状语，除去语用移位使得状语后置外，时间副词基本都是位于谓语之前。可以说时间副词能够修饰、限定动词做状语，但这里

---

① 本篇研究基于张言军（2008）关于时间副词与动词重叠式的研究展开。

的"动词"仅限于动词基式。实际上，动词重叠后仍然是动词，但动词重叠式在某些语法属性上与基式有所不同，那么时间副词能与动词重叠式组合吗？它们的组合受到哪些限制呢？这一节中我们主要讨论时间副词与动词重叠式的组合问题。

20.1 可以修饰动词重叠式的时间副词

张言军（2008）通过语料调查，发现现代汉语中有一部分时间副词可以修饰动词重叠式。例如：

（1）就是现在，他还在毫不犹豫地不时看看她，她也觉察到了。

（2）世间最大的乐趣莫过于欣赏自然景色，独居乡里，偶尔读读什么书。

（3）请他就作品的风格问题，重新看一看她准备出版的一本有关教育的著作《少年花环》，这是一本文学和伦理学集子。

能够修饰动词重叠式的时间副词还有：姑且、且、权且，立马、马上、立刻、赶快、就，总是、老、老是、时时、不时、经常、常常、往往、常、偶尔、间或、有时，先、依次、陆续、也、再、重新，等等。按照第2节中我们对时间副词的分类，这里的"姑且、且、权且"是表示较短时段的时间副词，"马上、就"等是表紧承义的时点时间副词，"总是、老、老是、时时、经常、偶尔、间或"等是表频时间副词，"先、依次、也、再、重新"等是表序时间副词里表次序和表重复的时间副词。

20.2 不可以修饰动词重叠式的时间副词

上面列举了可以修饰动词重叠式的时间副词，也就是说不是所有的时间副词都可以修饰动词重叠式，有一部分时间副词是不能修饰动词重叠式的。例如：

（4）a. 我们已经吃过饭了。

　　　b. 我们吃吃饭。

　　　c. *我们已经吃吃饭了。

（5）a. 他正看着电视呢。

　　　b. 他看看电视。

　　　　c. *他正看看电视呢。

（6）a. 我们曾经拜访过他。

　　　　b. 我们拜访拜访他。

　　　　c. *我们曾经拜访拜访他。

　　我们看到，这几个例子中 a 句里的基式动词可以与时间副词连用，基式动词后面也可以出现动态助词"了、着、过"；但 b 句里的动词重叠式不能与动态助词"了、着、过"连用，这说明动词重叠式对时间成分具有排斥性，与表示时态的动态助词共现能力弱；c 句的表达是不成立的，c 句里的时间副词"已经""正""曾经"都不能与动词重叠式连用。在现代汉语中还有以下一些时间副词也不能修饰动词重叠式：从、从来、一直、一向、永远、直、永、曾、业已、业经、早已、早就、必将、终将、行将、已、已然、正在、在、即、即将、快要等。

20.3　时间副词修饰动词重叠式的制约因素

　　根据上面的讨论，我们发现动词重叠式对于表达时间义的动态助词具有排斥性，对于表达时间义的时间副词具有选择性，那么到底是哪些因素制约着时间副词修饰动词重叠式呢？

　　邵敬敏（2004）提出了词语组合的"双向选择性原则"，即词与词的组合不是任意的，而是由双方的选择性决定的，这种选择关系主要是语义在起作用。其实我们前面所讨论的时间副词与动态助词"了、着、过"的共现也反映出了这种相互选择和制约原则。当词与词组合时，语法意义的兼容性是它们能够共现的根本，如果它们的语法意义冲突，则二者不能共现。

　　一部分时间副词可以修饰动词重叠式，这说明这些时间副词与动词重叠式的语义能够兼容。上面我们提到能修饰动词重叠式的时间副词有表较短时段的时段副词，表紧承关系的时点副词，表高频、中频、低频的表频副词，以及表次序和重复的表序副词。既然动词重叠式对时间成分具有排斥性，那为什么其能与这些时间副词组合并受到这些副词的修饰和限定呢？这需要从这些时间副词本身的语义出发来寻找答案。

第一，表较短时段的时段副词所限定的事件在时轴上所占据的起点和终点间只有一段较短的距离，而这一表意特征与动词重叠式表短时量的语法意义一致，因此二者可以形成修饰和被修饰关系。第二，表紧承关系的时点副词所限定的事件在时轴上的起点和终点非常接近或紧密相连，中间的距离极短甚至几乎没有，这也与动词重叠式表短时量的语法意义吻合，所以二者可以共现。第三，表频时间副词是指事件在单位时间内出现或发生的次数，这与动词重叠表示动作反复的语义特征相照应，因此二者也可以共现。第四，表次序和表重复的表序副词表示两个或几个事件的先后发生或在一个单位时间内的重复出现，它们的表意特征与动词重叠式的语法意义也不矛盾，因此二者是可以共现的。

还有一部分时间副词不能修饰动词重叠式，这些时间副词主要为以下类别：表示较长时段的时段副词（如"一直、永远"）、表示过去时的有定副词（如"曾经、业已"）、表示进行态的无定副词（如"正在、正"），以及表示未然态的无定副词（如"即将、快要"）。这些时间副词之所以不能修饰动词重叠式，主要是因为它们的表意特征与动词重叠式的语法意义矛盾。

第一，表示较长时段的时段副词所限定的事件具有持续性，而且没有明确的或可预知的终点，这与动词重叠式表短时量的语法意义截然相反，因此二者不能共现。第二，表示过去时的有定副词所限定的事件在说话之前或某一时间之前已经完成，但动词重叠式表示事件的阶段性，强调时量短，并非已经结束，因此二者语义冲突。第三，表示进行态的无定副词所限定的事件在说话时或某一时间内是正在进行的，这一点与动词重叠式所表达的时量短的语义不相容，二者也无法共现。第四，表示未然态的无定副词所限定的事件是将来开始的，而且是必定要发生的，属于未知状态，这与动词重叠式表达短时量的语法意义相矛盾。

21. 时间副词修饰形容词有哪些限制？

上一节中，我们讨论了时间副词修饰动词重叠式的相关问题，整体而言时间副词与动词基式都能组合，尽管具体到每个动词又有所不同。动词重叠式虽然也具有动词的属性，但与时间副词组合时却受到一些限制。

时间副词除了可以修饰动词外，也可以修饰形容词，以此来表示某种性状形成或存在的时间。那么是不是所有的形容词都可以受时间副词的修饰呢？时间副词修饰形容词受到哪些限制呢？这一节中我们主要讨论时间副词修饰形容词的相关问题。

李泉（2002）通过语料考察发现，并不是所有的时间副词都可以修饰形容词，他所框定的时间副词有 139 个，其中 76 个可以修饰形容词，这部分副词占时间副词总数的 54.68%，不能修饰形容词的时间副词有 63 个，如"本、常年、初、匆匆、姑且、尽早、连年、屡次、偶然"等。张言军（2006）中共收录了 166 个时间副词，作者经过考察发现，现代汉语中共有 78 个时间副词可以用来修饰形容词（包括形容词短语），约占时间副词总数的 47%，主要有"必将、便、才、曾、曾经、常、从、从来、都、顿时、赶紧、赶快、赶忙、刚、刚刚、姑且、忽、忽地、忽而、忽然、还、还是、即将、即刻、渐、渐次、渐渐、将、将要、经常、就、快、快要、老、老是、历来、立即、立刻、立时、马上、蓦地、仍旧、日渐、日益、时、时常、时而、素来、随后、随即、往往、先、先后、向来、要、业已、一度、一时、一下、一向、已、已经、已然、在、早、早就、早已、乍、照常、照旧、照样、正、正在、终将、终于、骤然、逐步、逐渐"。

学者们对时间副词范围的认识不一致，因此所考察的时间副词的数量和组成也有所不同。尽管如此，学者们在调查中都发现不是所有的时间副词都能够修饰、限定形容词，也就是说，时间副词修饰形容词具有选择性。另外，在可以修饰、限定形容词的时间副词中，时间副词与形容词的组合也存在典型和非典型的问题。有的时间副词可以相对自由地修饰、限定形容词，如"曾经、已经、渐渐、一下、老是、刚、刚刚"等；有的时间副词则很少用于修饰、限定形容词，如"赶快、赶紧、赶忙、随后、随即、立即、立刻"等。

上面所列举的可以修饰形容词的时间副词是从副词角度出发考察它们与形容词的组合能力。那从形容词角度观察，是否所有的形容词都可以接受上述时间副词的修饰和限定呢？我们发现很多形容词是不能够受时间副词修饰的。例如：

（1）*菜市场的青菜<u>时常</u>丰富。

（2）*他做事情<u>老是</u>草率。

（3）他<u>时常</u>悲伤。

（4）我身上<u>老是</u>痒。

上面的例子中，时间副词"时常"与形容词"丰富"很难组合，与"悲伤"组合却能讲得通；"老是"很难修饰"草率"，却可以修饰"痒"。同一个时间副词与不同的形容词组合产生的句子的合法程度有所不同，这样看来，形容词自身的语法属性也制约着它与时间副词的组合。

张国宪（1995，1998）根据［±静态］这一组语义特征，将汉语的形容词分为性状形容词和变化形容词，即静态形容词和动态形容词。这两类形容词的区别不仅反映在语义上，也反映在句法上。张国宪（1995）认为动态形容词都能够进入以下基本句法槽：

S_1：NP + 已经 + ＿ + 了

S_2：NP + 没 + ＿

实际上，能够进入 S_1 和 S_2 的不仅限于动态形容词，还包括一部分表示心理活动的动词和表示动态变化的动词。因此，还应该增添两个过滤标准：

不能进入 S_3：NP_1 + 很 + ＿ + NP_2

能够进入 S_4：NP + 很 + ＿

S_3 是为了过滤心理动词，而 S_4 是为了过滤心理动词以外的其他动词。根据上述标准，张国宪（1995）把既能够进入 S_1 又能够进入 S_2 的形容词视为动态形容词，而把只能进入 S_1 的视为准动态形容词。相应地，不能进入 S_1 和 S_2 这两个基本句法槽的形容词就是静态形容词。据此，可以得出汉语形容词中的动态形容词、准动态形容词和静态形容词。我们发现例（1）～（4）中不能受时间副词修饰的"丰富"和"草率"属于静态形容词，而能受时间副词修饰的"悲伤"和"痒"属于动态形容词。

动态形容词有"扁、残、长、潮、粗、短、钝、反、富、干、糊涂、灰心、激动、急躁、马虎、明白、便宜、沙哑、累、冷、亮、绿、乱、落后、衰老、圆、脏"等。

准动态形容词有"安定、安静、暗、暗淡、潮湿、沉寂、淡薄、烦躁、繁华、富裕、缓和、荒凉、昏暗、昏黄、活泼、活跃、激烈、寂静、坚定、坚强、开朗、冷淡、冷静、凉快、浓密、暖和、强壮、清醒、稀薄、稀少、稀疏、勇敢、镇定、镇静"等。

静态形容词有"普通、广泛、秘密、漫长、短暂、笨重、豪放、昂贵、欢乐、肥大、艰辛、名贵、美妙、泥泞"等。

前面我们在讨论时间副词与动态助词、动词重叠式组合时，发现词语组合的"双向选择性原则"制约着它们的共现。如果时间副词与动态助词或动词重叠式语义兼容，则两者可以共现；如果时间副词与动态助词或动词重叠式语义冲突，则二者不能共现。实际上，"双向选择性原则"同样适用于时间副词与形容词的搭配组合。

语法意义上，表示过程和变化义的时间副词倾向于修饰、限定动态形容词和准动态形容词，通常不能修饰、限定静态形容词。例如：

（5）可女子却日益萎靡、日益虚弱了。

（6）兄弟二人咀嚼着茅草，神色渐渐安定。

（7）这些东西，由于普通、习见，所以都被认为是在艺术范围之外的。→*这些东西，由于经常普通、习见，所以都被认为是在艺术范围之外的。

例（5）中的时间副词"日益"表示所限定的事件在时轴上一天天发生变化，其所修饰的动态形容词"萎靡""虚弱"也都具有动态性，该情状的时间结构是异质的，内部有自然的起点和终点，因此后面带有"了"这样的体标记。例（6）中的时间副词"渐渐"具有变化义，而准动态形容词"安定"所具有的变化义与"渐渐"语义吻合，因此二者可以共现。例（7）中的表频时间副词"经常"不能与静态形容词"普通"连用。

需要注意的是，静态形容词也不是不能与时间副词连用，因为静态形容词的语义特征是表示静态性质，该情状的时间结构是匀质的，在时轴上缺乏自然的起点和终点，所以静态形容词与时间副词连用时就要求时间副词具有持久不变义。也就是说，表达持久不变义的时间副词倾向于修饰静态形容词。例如：

（8）莫愁并不是天性害羞，而且<u>一向大方</u>。

（9）你做事<u>素来周密</u>。怎么今天又不小心了？

这两例中的"一向"和"素来"具有持久不变义，与其后的静态形容词"大方""周密"在语义上兼容，因此二者可以共现。

第三部分　多功能词辨析

22. "你怎么才来就要走？"与"你怎么才来？" 中的"才"有什么不同？

《现代汉语八百词》（增订本）中提到两个例子——"你怎么才来就要走？"和"你怎么才来？"，从形式上看，前后两句含有共同的语言成分"你怎么才来"，但"你怎么才来就要走？"中的"才"表示"事情在前不久发生"，"你怎么才来？"中的"才"则表示"事情发生或结束得晚"，为什么会出现这种表意的不同呢？这就需要我们进一步了解"才"的语法意义及其属性。

22.1 "才"的减值表达

"才"在句法结构中存在两种减量表达：一种是时间上的减量，表示时间短；一种是数量上的减量，表示数量少。如"才三天"表示三天时间很短，是时间上的减量表达；"才两个苹果"表示两个苹果很少，是数量上的减量表达。此外，"才"还可以表达范围、等级、比较等方面的减量。例如：

（1）虎妞没想到事情破得这么快，自己的计划才使了不到一半，而老头子已经点破了题！

（2）他区委书记儿子不搬走，我爸才是个主任，凭什么让我们带头？

（3）他比我才大一岁。

例（1）中的"才"用于表示范围，这里强调范围小，相当于"只"；例（2）中的"才"用于表示等级，这里强调职位低；例（3）中的"才"用在比较句中，表示比较，这里强调年龄差距小。"才"与不同的句法成分连用，在不同语境中可以表示时间短、数量少、范围小、等级低、差距小，尽管具体语义不同，但具有表达共性——表示量小，张谊生（2014）将这一特性称之为"减值强调"。

22.2 "才"的增值表达

"才"除了具有减值表达的能力外，还具有增值表达的能力。例如：

（4）三天*才*看完一本书。

（5）我听了好几遍*才*听清楚。

（6）得走四五公里路，*才*有那么一家店。

（7）我们等候着，五十六栋楼全都撤离后*才*能轮到我们。

例（4）中的"才"用于表示时间，强调"看完一本书"用的时间长；例（5）中的"才"用于表示数量，强调"听清楚"所需要的次数多；例（6）中的"才"用于表示距离，强调"这家店"的距离远；例（7）中的"才"用于表示间隔，强调间隔时间久。在不同语境中"才"可以表示时间长、数量多、距离远、间隔久，与在减值表达中相似，这些语义具有表达共性，即强调增值。

22.3 "才"的减值表达和增值表达的规律分析

同一个"才"字，为什么既可以表示减值，又可以表示增值呢？减值强调和增值强调有哪些规律可循呢？时间词语及数量结构与"才"前后位置的不同直接导致"才"在表时间长短和表数量多少上的不同。例如：

（8）我坐车到这儿*才*半个小时。

（9）我坐车半个小时*才*到这儿。

（10）我早上*才*吃了两个包子。

（11）我早上两个包子*才*吃饱。

例（8）中的"才"表示时间短，而例（9）中的"才"表示时间长；例（10）中的"才"表示数量少，而例（11）中的"才"表示数量多。从句法结构看，表示减值的"才"位于时间词语或数量结构之前，而表示增值的"才"位于时间词语或数量结构之后。从语义结构看，表示减值或增值与"才"的语义指向有关，当"才"语义上的指向成分位于"才"之后时，是减值强调，而当"才"

语义上的指向成分位于"才"之前时，是增值强调。从语用交际看，句子的信息焦点位于"才"之后是减值强调，而位于"才"之前是增值强调。

根据上述讨论，我们再来分析"你怎么才来就要走？"和"你怎么才来？"这两个句子。首先，从形式上看，前句中除了包含与后句共有的成分"你怎么才来"之外，还有"就要走"。其次，从语义指向上看，"才"在"你怎么才来就要走？"中语义后指，信息焦点在后，所以是减值强调，表示时间短，而"你怎么才来？"中的"才"语义前指，信息焦点在前，所以是增值强调，表示时间长。最后，从语用上看，这两句话所使用的语境有所不同，"你怎么才来？"中说话人更加关心到底是什么原因导致听话人来得晚，而"你怎么才来就要走？"中说话人更想知道为什么听话人刚来就要离开。对于说话人来说，"你怎么才来？"往往表达其对于听话人出现时间晚于预期这件事不满的情绪，有责备的语气；"你怎么才来就要走？"则表达其对于听话人刚出现就离开这件事的不解和疑惑。

由此看来，"才"是增值强调还是减值强调主要由"才"的位置决定。另外，无论是表示增值还是减值，都是以说话人的主观认识为依据的，因此表达具有较强的主观性。例如：

（12）才三四天，他已经写完这篇文章了。

（13）他三四天才写完这篇文章。

同样都是"三四天"，但说话人对于"三四天"这一时间长短的主观认定却很不相同。"才"在例（12）和例（13）中分别是减值强调和增值强调，也就是说，"才"表示减值还是增值是由说话人的主观认识决定的，同客观事实没有必然联系。当然，主观评价也需要遵循一定的客观基础，不能有悖于常识。例如：

（14）他才用了几分钟，就跑了几百公里。

（15）他才去了一个月，我就已经不认识他了。

这两例从句法上没有什么问题，但是表意与常理不符。一个人不可能只用几分钟时间就可以跑几百公里，通常也不存在一个人离开一个月就认不出的情况。由此可见，"才"在强调主观评价时，主观评价尽管同客观事实没有必然关联，但又不能不受到客观现实的制约。

"才"是现代汉语中的多功能副词之一，既可以在句法中体现出它表意的多样性，也可以通过语义指向在具体使用中体现出它的强调类型。

23. "才五点""都五点了""就五点了"有什么不同?

"才、都、就"都可以与表示时间的词语连用，表示时间的词语包括时点词语和时段词语。也就是说，"才、都、就"既可以与表时点的词语组合，也可以与表时段的词语组合。

同一时间词语在相同句法位置上与"才""都"或"就"组合时，会产生表意差异乃至对立；同一时间词语与"才""都"或"就"组合时也会因二者句法位置的不同而产生语义对立。因此，比较"才、都、就"时，应从句法结构出发，考察它们的语义、语用差异。

23.1 后接时点

"才、都"后面都可接表示时点的词语，但在语义表达上二者形成对立。例如：

（1）才五点，不用着急做饭。

（2）才星期一，还有三天呢！

（3）才初五，不晚！

（4）都五点了，怎么还不做饭啊？

（5）都星期一了，只剩三天了。

（6）都初五了，不早了。

上面这些例子中的"才五点""才星期一""才初五"除了表示时间点外，还具有表示主观上认为时间早于预期的表达功能；相应的由"都"构成的"都五点了""都星期一了""都初五了"则在表示时间点的同时还具有表示时间晚于预期的主观色彩。值得注意的是，这里的"都＋时间点"后必须要有"了"出现。

"就"后接时间点时，如"就五点了"，表示时间马上到五点钟，在这一结构中时间点是将来的某一时间点，表达的是将来的某一时刻很快就要到来了，不强调时间上的早晚，不是主观化表达。

23.2　后接时段

"才、都"后面还可接表示时段的词语，此时由"才、都"组合而成的结构在语义表达上也构成对立关系。例如：

（7）才两天，再多住些时日吧。

（8）才两年，就长这么高了！

（9）才唱了半小时，再坚持一会儿吧！

（10）才出国半年。

（11）都两天了，赶紧回来吧。

（12）都两年了，能不长高吗？

（13）都唱了半小时了，赶紧休息会儿吧。

（14）都出国半年了。

上面这些例子中的"两天""两年"是表示时段的名词结构，"唱了半小时""出国半年"是表示动作或行为持续时间为时段的动补结构。"才两天""才两年""才唱了半小时""才出国半年"表示具体时段，但主要还是强调表述中的时段所包含的时间量少于心理预期，即强调时间短。与之相对的"都两天了""都两年了""都唱了半小时了""都出国半年了"强调表述中的时段所包含的时间量多于心理预期，即强调时间长。与"都 + 时点"一样，和"都"组合的表时段的词语后面也需要接"了"。

"就"后面也可以跟表示时段的词语，如"就两天""就两年""就唱了半小时""就出国半年"，此时为主观化表达，强调表述中的时段所包含的时间量少于心理预期，即说话人认为时间短。

23.3　前接时点

"才、就"位于表时点的词语后时，一般需要后接动词或动词短语，构成"时点 + 才 / 就 + 动词（动词短语）"结构，此时"才"与"就"形成对立。

例如：

（15）五点才出发。

（16）九点才准备返程。

（17）下午才上班。

（18）明年才上小学。

（19）五点就出发（了）。

（20）九点就准备返程（了）。

（21）下午就上班（了）。

（22）明年就上小学（了）。

上面这些例子中表时间点的"五点""九点""下午""明年"位于"才"和"就"前时所表达的时间的早晚对于说话人而言在主观认定上有所不同，"五点才出发"是说出发时间晚于心理预期，而"五点就出发（了）"是说出发时间早于心理预期。例（15）～（18）中的"时点＋才"和例（19）～（22）中的"时点＋就"都包含说话人对时间点的主观判定。"才"前的时间点晚于心理预期，说话人主观认为相关活动应该早于这一特定时间点发生；而"就"前的时间点早于心理预期，说话人主观认为相关活动可晚于这一特定时间点发生。

"都"也可以位于时点后构成"五点都出发了""九点都准备返程了""下午都上班了""明年都上小学了"，这几例中的"都"可以有两种理解：一是可以理解为对句中省略了的主语的总括，表示在特定时间点所发生的活动适用于所有的动作发出者，此时"都"重读；一是可以理解为特定时间点所发生的活动早已进行，言外之意是说话人认为该时间点晚于心理预期，如"五点都出发了"还可有后续表达"五点都出发了，你再早一点儿吧！"，此时"都"后的"出发"重读。

23.4　前接时段

"才、都、就"也可以位于表时段的词语后，一般需要后接动词或动词短语，此时"才"与"就"形成对立。例如：

（23）四小时才到上海。

（24）一天才走一万步。

（25）一年才写完。

（26）四小时就到上海。

（27）一天就走一万步。

（28）一年就写完（了）。

（29）四小时都到上海。

（30）一天都走一万步。

（31）一年都写完。

上面这些例子中的"四小时""一天""一年"在"才"字句中表示时间量超出说话人的心理预期，说话人认为动作行为持续或所需时间长；而在"就"字句中表示活动所用时间少于说话人的心理预期，说话人认为动作行为持续或所需时间短。

例（29）～（31）中的"都"可以看作表总括的范围副词，表示与"到上海""走一万步""写完"相关的行为主体在相同的时间内（"四小时""一天""一年"）完成相同的活动。例（29）～（31）中，若在句末位置添加"了"，则"都"具有主观表达功能，强调所述时间段内的活动量超出心理预期，即活动量大，"都"表示一种极端情况。例如在对话中，A 问 B："坐高铁从济南到南京四小时够吗？"，B 回答说："四小时都到上海了。"，言外之意是，坐高铁从济南到南京四小时足够了，四小时都可以到更远的地方——上海了，这里"都"前的"四小时"是主观大量。

24. "明天就走""明天再走""明天才走"
有什么不同？

"明天就走""明天再走""明天才走"在结构上分别是副词"就""再""才"位于时间词语后、动词前的表达，在语义上都表示"走"这一动作在将来的时间"明天"发生，但是它们在句类组合、表时早晚等方面存在着诸多差异。

24.1　明天就走

"明天就走"类表达可以出现在表意愿的祈使句和陈述句中,表示说话人或行为主体的某种主观意愿。例如:

(1)你们明天就走吧!

(2)我们看完电影就回吧!

(3)小张明天就走。

(4)他说看完电影就回。

例(1)和例(2)中的意愿主体是说话人,也就是第一人称视角,分别表示说话人对"走""回"这两个动作发生时间的主观表态。使用的是祈使句,可以看作说话人对未来事件发生时间的主观提议。例(3)和例(4)中的意愿主体是"小张"和"他",而不是第一人称的说话人,因此意愿主体和说话人处于分离状态,分别表示"小张"对"走"这一动作和"他"对"回"这一动作发生时间的主观表态。使用的不是祈使句,而是陈述句,叙述其他人的某种主观意愿。

例(1)~(4)中,意愿主体与说话人无论是重合还是分离,这些句子中的VP都是未实现的。

"明天就走"类表达还可以出现在叙述客观事实的句子中,既可以用在陈述句中,也可以用在疑问句中,其中的VP既可以是已实现的,也可以是未实现的。例如:

(5)他们昨天就走了。

(6)他们明天就回了。

(7)他们昨天就走了吗?

(8)他们明天就回了吗?

史金生(1993)从预设和蕴涵角度对包含"明天就走"类表达的主观意愿句和客观事实句进行了比较,认为主观意愿句的预设是"有一个意志[①]将要实现VP,而且意愿的主体所希望动作实现的时间(T)早于听话人预知的VP实现的

[①]　史金生(1993)将意愿句中"动作VP的主体要实现VP的愿望称为意志","把希望VP在T的时间内实现的这种愿望称为意愿"。

时间（Ti）"，而客观事实句的预设是"听话人知道将要实现 VP，而且 VP 实际
实现的时间（T）比听话人预知实现的时间（Ti）要早"。从蕴涵角度看，主观意
愿句蕴涵的是一个意愿，"即希望动作的主体在 T 的时间里实现 VP，不要在 Ti
内实现 VP"；而客观事实句蕴涵的是一个事实，"将要（或已经）在 T 的时间内
实现 VP，而不是在 Ti 的时间里实现 VP"。

可以看出，主观意愿句和客观事实句的根本区别在于一个是意愿主体的主
观意愿，一个是事件主体的客观陈述。二者尽管预设不同，但在表意上都具有 T
先于 Ti 这样的内容，因此它们都表示动作实现得早或快。

24.2 明天再走

"明天再走"类表达既可以用在主观意愿句中，也可以用在客观事实句中。
例如：

（9）多住一天，明天再走吧！

（10）吃完饭再回吧！

（11）他说吃完饭再回。

（12）他是吃完饭再回的。

例（9）～（12）中的"再"表示一个动作之后另一个动作出现，有"然后"
之义。例（9）中的"明天再走"和例（10）中的"吃完饭再回"用在祈使句
中，例（11）中的"吃完饭再回"用在陈述句中，但都是一种意愿表达。例（9）
和例（10）是说话人对于"走""回"这两个动作发生时间的提议，例（11）是
"他"对"回"这一动作发生的时间的设想，例（9）～（11）中的 VP 都是未实
现的。

史金生（1993）认为例（9）～（11）中"再"字句的预设是"有一个意
志，将要实现 VP，而且意愿者希望动作实现的时间（T）晚于预知实现的时间
（T_0）"，相应的蕴涵是"意愿的主体希望意志的主体在 T 的时间里实现 VP，不
要在 T_0 的时间里实现 VP"。从意愿句的预设看，"明天再走"是希望"走"的时
间晚于预知实现的时间，而"明天就走"是希望"走"的时间早于预知实现的
时间。

与例（9）～（11）不同，例（12）中"回"这一动作发生的时间是在"吃完饭"以后，整个句子是一种客观事实陈述，VP 是已实现的。这里的"再"只是标示"回"这一动作发生在前一动作之后，不存在时间前后、早晚的比较。因此，客观事实句中的"再"不像主观意愿句中的"再"那样具有主观化表达功能。

24.3 明天才走

"明天才走"类表达多表示一种叙述，是对客观事实的表述，其中的 VP 既可以是已实现的，也可以是未实现的。例如：

（13）他们昨天才走。

（14）他们明天才走呢。

"明天才走"类表达很少用在祈使句中，例（13）和例（14）中的"才"是对"走"这一动作发生时间的陈述。史金生（1993）认为这种"才"字句的预设是"听话人知道将要实现 VP，而且 VP 实际实现的时间 T 晚于动作预知实现的时间 T_0"。其实这里的"才"与前面所说的客观事实表达中的"就"在语义上存在对立关系，"就"表示动作发生的时间早于预期时间，而"才"表示动作发生的时间晚于预期时间，因此这里的"就"和"才"都具有主观量表达。

由于"明天就走""明天再走""明天才走"在语义上存在上述联系和差异，它们在句法上也呈现出某些对称性和不均衡性。史金生（1993）提到，上述表意愿的"就"字句和"再"字句中的 VP 绝大多数情况下是一个意志，因此 VP 中的 V 通常是自主动词，而不能是非自主动词或形容词。例如：

（15）*你今天就生病吧。

（16）*你明天再生病吧。

（17）*这朵花今天就红吧。

（18）*这朵花明天再红吧。

但是表客观事实的"就"字句和"才"字句都是一般的叙述句，其中的 VP 表示在某个时间出现的动作或状态，因此 VP 中的 V 既可以是自主动词，也可以是非自主动词或表状态变化的形容词。

25. "就老王不会跳舞""老王马上就会跳舞了""老王就不会跳舞"中的"就"有什么不同?

现代汉语中的"就"是一个多功能词,可以做动词、介词、副词、连词等,单从做副词看,"就"又可以分为范围副词、时间副词和语气副词。具体语境中"就"所属的副词小类需要结合句法、语义等要素进行判断。

25.1 就老王不会跳舞

"就"做范围副词时,既可以限定范围,也可以限定数量。有时范围和数量是相通的,并没有绝对的界限,数量是一种广义的范围,而范围也可以理解成数量。"就老王不会跳舞"中的"就"是对范围的限定,它的基本句法结构是"就+名词/代词"。例如:

(1)我们班就小王没有交作业。

(2)长辈中就爷爷最了解我。

(3)这地方就你和我知道。

(4)就小王没点菜。

例(1)~(4)中都包含"就+名词/代词",但是根据所限定对象的范围又可以分为两种情况:一种是"就"前面已经给出所限定对象的范围,如例(1)和例(2);另一种是句子中"就"前后都没有出现明确的限定范围,范围隐含在上下文语境中,如例(3)和例(4)。

例(1)和例(2)中,"就"语义后指,分别指向"小王"和"爷爷",二者也是前面所圈定的大范围——"我们班"和"长辈中"里的一个。例(1)中语义蕴涵为"我们班其他人都交了作业,只有小王没有交作业",例(2)中语义蕴涵为"长辈中其他人都不够了解我,只有爷爷最了解我",这两例中的"就"强调已明示的大范围中的一个成员,表示范围窄,是主观小量。

25.2　老王马上就会跳舞了

"就"做时间副词时，可用于表述已然事件，也可用于表述未然事件。"就"表述未然事件时，一般可以出现在以下格式中：就＋动词/形容词、时间名词/表时间的数量短语＋就＋动词/动词性短语、时间副词＋就＋动词/动词性短语。例如：

（5）我就来。

（6）花就红了。

（7）他明天就回国了。

（8）我们一个月就能把这项工作完成。

（9）我们即刻就到。

（10）一转眼马上就到年底了。

例（5）中的"就"位于动词"来"之前，例（6）中的"就"位于形容词"红"之前，表示动作或状态即将发生或变化。例（7）和例（8）中的时间名词"明天"和时间短语"一个月"居于"就"之前，表明动作行为完成的具体时间。这两句的预设是听话人知道将要实现 VP，而且 VP 实际实现的时间比听话人预知实现的时间要早；反映在句子的蕴涵上就是 VP 不在预知实现的时间里发生，而是早于预知时间发生。"就"表示主观小量。例（9）和例（10）中的"就"前面分别有时间副词"即刻"和"马上"，都强调事件将在很短的时间内发生，"就"在此也表示主观小量。出现在表未然的"就"前面的时间副词通常具有短时义，而且数量也较为有限，如"马上、立即、立刻、即刻"等。

25.3　老王就不会跳舞

"老王就不会跳舞"可以有两种解读。一种解读是"就"做范围副词，此时重音的不同也会导致语义表述上的差异。当"老王"重读时，"就"语义前指，指向"老王"，句子蕴涵为"很多人中只有老王不会跳舞"；当"跳舞"重读时，"就"语义后指，指向"跳舞"，句子蕴涵为"老王在众多娱乐活动中只有跳舞这一件事没有掌握"。做范围副词的"就"表示范围窄，是主观小量。

　　另外一种解读是"就"做语气副词，此时"就"重读，是说话人对"老王不会跳舞"这一事实的肯定，是一种强调情态的表达。值得注意的是，做语气副词的"就"在句法分布上较为灵活，既可以出现在句首，也可以出现在句中，还可以出现在句尾。例如：

　　（11）他说好，就一定是好吗？

　　（12）您就别让我去啦！

　　（13）我就想听一下。

　　（14）胡说八道吧，你就！

　　例（11）～（14）中的"就"分别出现在疑问句、祈使句、陈述句和感叹句中，分别表示深究、祈求、强调等情态。例（11）通过反问的形式对事实好坏进行深究；例（12）是对听话人意愿的反驳，"就"用于增强祈求语气；例（13）中，"就"是说话人对"想听一下"这种意愿的肯定和强调；例（14）中，"就"也是对对方胡说八道这一事件的主观评价和强调。

　　从上面出现在不同句法环境中且归属为不同副词小类的"就"来看，范围副词代表的是空间范畴，时间副词代表的是时间范畴，而语气副词代表的是情态范畴。由范围副词到时间副词，再到语气副词，"就"的语义由实至虚，主观性越来越强。多功能副词"就"的区分和辨别应该由句法结构着手，并通过语义指向分析其表意特征。对于有歧义的句子还应在具体语境中联系上下文判断"就"的词类归属和语义特点。

第四部分　易混淆词辨析

26. "他刚从这里走过"与"他刚才从这里走过"
有什么不同？（上）

"刚"和"刚才"是一对近义词，都可以表示说话前不久的时间，也都可以在句中做状语，因此一些语法书将"刚"和"刚才"都看作副词，但实际上"刚"和"刚才"不仅在句法分布上有着本质区别，在语义和语用上也存在诸多差异。

《现代汉语八百词》（增订本）中提到，当表示时间概念时，"刚"只能用在动词、少数表变化的形容词前，不能用在别的位置上，而"刚才"还可以用在谓语之前、介词之后（比刚才舒服些了）及体词之前（刚才的事）。因此，"刚"是时间副词，而"刚才"是时间名词[①]。这一节中我们主要从语义和语用两方面比较"刚"和"刚才"，下一节中我们主要分析二者在句法上的差异。

26.1　语义差异

"刚"和"刚才"做状语时，都可以表示时间，但"刚才"表达绝对的时间概念，而"刚"不表示绝对的时间，只是表述一种时间关系。例如：

（1）他刚才走了。

（2）他刚走。

（3）他去年刚从单位退休。

（4）*他去年刚才从单位退休。

---

① 详见吕叔湘主编《现代汉语八百词》（增订本），北京：商务印书馆，1999：216～218。

"刚才"有固定的参照点——说话时间，是对事件发生时间的限定，既可以位于主语之前，也可以位于主语之后。例（1）中，"他刚才走了"是说"他走"这件事是在说话前较短的时间内发生的；例（4）中，"去年"不是离说话前很近的时间，因此不能使用"刚才"。

"刚"自身没有固定的参照点，它的参照点是根据表达内容而定的，它只能修饰动词、少数表变化的形容词，不能位于句首，用于表达两个时点之间的关系。例（2）可以看成是对"他走了吗"的回答。如果不用在对话中，则"他刚走"后面还需要添加一些其他成分，如"他刚走，你就来了"。对话里"他刚走"中，"刚"的参照点为说话时间；而"他刚走，你就来了"中，"刚"的参照点为"你来"的时间。例（3）中，"刚"的参照点也不是说话时间。

"刚才"表示动作的完成、结束，而"刚"表示持续。例如：

（5）他刚才睡了半小时。

（6）他刚睡了半小时。

例（5）中的"刚才"指"他睡半小时"是发生在说话之前不久的事情，现在已经不在睡觉了。例（6）中的"刚"则是指"他"已经睡了半小时，现在还在睡觉。

此外，"刚才"具有固定的时间参照点，表示说话前不久的时间，且只短不长。"刚"则没有固定的时间参照点，既可以表示说话前不久的时间，也可以表示距说话时较长的时间，客观上时间可长可短，但说话人主观认为时间较短。例如：

（7）我刚才去了十分钟。

（8）我刚去了半年。

（9）*我刚才去了半年。

例（7）中的"十分钟"是距离说话时的时间，客观上时长较短，与"刚才"语义一致。如果换成例（9）中的"半年"，则是客观上较长的时段，因此不能使用"刚才"。"刚"则不受这种客观时长的限制，客观上"半年"较之"十分钟"是一个长时段，但在说话人主观认定上属于一个较短的时段，因此"刚"可以与"半年"组合，而"刚才"不能与"半年"组合。

另外，在与表时点的"……时"组合时，"刚"是对某一特定动作的时间限定，有动作开始之义；"刚才"则是对一个或多个动作行为的时间限定，没有动作开始之义。例如：

（10）刚唱歌时，他打破了一个玻璃杯。

（11）刚才唱歌时，他打破了一个玻璃杯。

例（10）中的"刚"只限定"唱歌"，是说"刚开始唱歌的时候，他打破了一个玻璃杯"。例（11）中的"刚才"不仅是"唱歌"的时间，还是"他打破玻璃杯"的时间。

26.2　语用差异

"他刚从这里走过"与"他刚才从这里走过"中的"刚"和"刚才"在句中做状语。吴中伟（2014）认为：充当状语的"刚才"一般是句子的主题或次主题，句子的信息焦点在"刚才"后的 VP 中；充当状语的"刚"则是句子述题的一部分，而且常常是句子的信息焦点所在，需要重读。例如：

（12）我刚才去超市了。

（13）刚才是你给图书馆打的电话吗？

（14）A：刚才我来过一趟了，你不在。

　　　 B：哦，我刚下班回来。

（15）他刚起床，你就来了。

"刚才"作为句子的主题或次主题，后面的谓语不能是光杆动词，否则句子不自足；而"刚"是句子的信息焦点，因此"刚"后面的谓语可以是光杆动词。

此外，从语用角度看，"刚"所在的句子很少单独出现，一般是在问答语境中出现或有后续句作为补充，如例（14）中的"刚"出现在对话中，例（15）中的"刚"出现在复句中。例（14）中的"我刚下班回来"如果不出现在问答语境，只是单独使用，那么我们常常会觉得句子还没有说完，语意还不完整。

例（15）中，"他刚起床"为后面的"你就来了"这一动作行为提供了时间背景，因此复句中"刚"所在的小句通常是背景句，这主要是由"刚"自身的语义决定的，体现到句法上就是"刚"不能与句尾的"了"共现。对此，谢成名

（2009）的解释是，"刚"表示一种时间关系，因而会牵扯到两个对象，"刚"出现在前一分句中为后续小句提供时间背景。而句尾"了"是新情况实现的标记，它所在的小句负载新信息。因此，"刚"和"了"的语用环境不一致，它们不能在同一小句中共现。

在口语中，有时"刚才"可以简略为"刚"，"才"字脱落不说。（聂建军、尚秀妍，1998；宁晨，2010）如"苹果刚吃完了"中，"刚"与句尾的"了"看似共现，实际上这里的"刚"是"刚才"的省略形式，省略后的"刚"与本来的"刚"在停顿上有所不同。"刚（才）"往往与前面的主语连读，即"苹果刚∨吃完了"；而"刚"往往与后面的动词连读，即"苹果∨刚吃完"。（"∨"表示停顿处。）

27. "他刚从这里走过"与"他刚才从这里走过"有什么不同？（下）

"刚"是时间副词，只能用在动词或少数表变化的形容词前；而"刚才"是时间名词，它的位置相对多变。此外，"刚"和"刚才"在与时间词语及体态副词、助词共现等方面也存在差异。

27.1　与时间词语共现

在与时点词的搭配上，"刚"前可以出现时点词，而"刚才"前不可以。例如：

（1）早上刚买的，新鲜着呢！

（2）*早上刚才买的，新鲜着呢！

（3）去年我刚大学毕业，工作时间还不长。

（4）*去年我刚才大学毕业，工作时间还不长。

周晓冰（1993）认为时点词表明了行为的时间，"刚"是时间副词，且无固定参照点，因此，其在与"早上""去年"等时间点搭配时，语义上不冲突，二者可以共现。而"刚才"作为时间名词本身就是时点，当句中时点词与"刚才"语义重复或冲突时，二者不能共现，如例（2）中的"早上"与"刚才"语义重复，例（4）中的"去年"与"刚才"语义冲突，所以这两个句子不成立。如果句中时点词与"刚才"语义不冲突，则可以用"刚才"替换句中的时点词，如例（1）中的"早上"可以由"刚才"来替换，说成"刚才刚买的"。

"刚才"后面可以出现表时点的名词性短语，而"刚"后面不可以。例如：

（5）刚才，他从这里经过的时候问你去哪儿了。

（6）*刚，他从这里经过的时候问你去哪儿了。

（7）刚才，你没回来的时候，我们已经吃饱饭了。

（8）*刚，你没回来的时候，我们已经吃饱饭了。

例（5）和例（7）中的名词结构"……的时候"表示具体的时点，"刚才"是说话前不久的时间，"刚才"在"……的时候"之前是对这一表时点的名词性短语的时间限制。也就是说，"他从这里经过的时候""你没回来的时候"都是"刚才"这一时间段里的时间点，"刚才"和它们在结构上是同位关系，在语义上是包含关系。

例（6）和例（8）中的"刚"是时间副词，受到单音节制约因素的影响，其通常位于句中动词前，而不能单独位于句首。

在与时段词的搭配上，"刚才"可后接"时段词语＋动词性短语"，但"刚"不可以。例如：

（9）超市离我们这儿很近，我刚才十分钟就走到了。

（10）*超市离我们这儿很近，我刚十分钟就走到了。

"刚"和"刚才"都可以后接"动词／动词性短语＋时段词语"，但二者在语义上有所不同。例如：

（11）小王刚出去十分钟。

（12）小王刚才出去了十分钟。

（13）小王刚唱了两分钟。

（14）小王刚才唱了两分钟。

（15）小王刚出国三年。

（16）*小王刚才出国三年。

"刚"既可以表示较短的时间段，也可以表示较长的时间段，如上述例子中"刚"既可以与"十分钟""两分钟"搭配，也可以与"三年"组合。"刚才"只能与表示较短时间段的时段词语组合，不能与表示较长时间段的时段词语组合。

此外，在与"动词/动词性短语＋时段词语"的组合中，"刚"表示动作或性状的持续，"刚才"则表示动作或性状的结束或达成。例（11）中，"刚出去十分钟"是指在说话时，"出去"这一动作行为仍在继续，而且从"出去"到说话时这一动作行为已经持续了十分钟。"小王刚出去十分钟"，"小王"现在还在外面。例（12）中，"刚才出去了十分钟"是指说话时，"出去"这一动作行为已经结束，从开始到结束耗时十分钟。"小王刚才出去了十分钟"，"小王"现在不在外面。

27.2　与其他副词共现

"刚才"能与表进行态和已然态的副词共现，而"刚"不可以。例如：

（17）我刚才在写作业。

（18）*我刚在写作业。

（19）我刚才正在厨房做着饭呢。

（20）*我刚正在厨房做着饭呢。

（21）老师刚才已经讲过了。

（22）*老师刚已经讲过了。

"在"和"正在"是表进行态的时间副词，"已经"是表已然态的时间副词，例（19）中动词后还有表进行态的助词"着"和"呢"。对此，周晓冰（1993）认为："刚"表完成态，在语义上与表进行态的"在、正在、着、呢"等冲突，与表已然态的"已经"重复，所以不能与这些词共现；而"刚才"与体态没有直接关联，因此它可以与表态的时间副词和助词共现。

与其他类别的副词连用时，"刚才"一般在其他类别的副词前面，而"刚"一般在其他类别的副词后面。例如：

（23）刚才还提起你呢，现在就在路上碰见了。

（24）*刚还提起你呢，现在就在路上碰见了。

（25）我们刚才全都迟到了。

（26）*我们刚全都迟到了。

（27）我们也都刚回来。

（28）*我们也都刚才回来。

（29）我们才刚吃好饭。

（30）*我们才刚才吃好饭。

"刚才"是对整句所表事件发生时间的限定，它通常位于句首或主语之后、谓语动词及其他做状语的副词之前。"刚"是对动词所表动作行为的时间限定，它通常位于动词之前、其他副词之后。袁毓林（2002）认为"刚"是专门表时态的时间副词，在语义上与谓语动词联系紧密，因此它需要尽可能地靠近谓语动词。

27.3　与介词结构共现

"他刚从这里走过"和"他刚才从这里走过"中，"刚"和"刚才"都可以与介词结构共现，但二者与介词结构的共现顺序略有不同。"刚才"一般位于介词结构前面；而"刚"前后两可，"他刚从这里走过"也可以表达为"他从这里刚走过"。

27.4　在复句中的搭配

"刚才"和"刚"还可以出现在复句中，但是二者的使用情况不同。"刚才"可以直接位于连词前，"刚"则不可以。例如：

（31）他们刚才虽然一直在争吵，但并不影响他们之间的友谊。

（32）*他们刚虽然一直在争吵，但并不影响他们之间的友谊。

（33）她刚才因为不停地喊叫，现在已经没了说话的气力。

（34）*她刚因为不停地喊叫，现在已经没了说话的气力。

在复句中，"刚"与"就"可以分别用在前后分句中表达承接关系，而"刚才"不可以。例如：

（35）我刚醒来，就收到这么多礼物。

（36）*我刚才醒来，就收到这么多礼物。

（37）他们刚下课，就跑去食堂吃饭了。

（38）*他们刚才下课，就跑去食堂吃饭了。

这几例中的"刚"和"刚才"后面还可以紧跟"一"，构成"刚一……，就……"和"刚才一……，就……"的表达，二者在语义上略有不同。例如：

（39）我刚一醒来，就收到这么多礼物。

（40）我刚才一醒来，就收到这么多礼物。

例（39）中的"刚"和"一"都修饰"醒来"，"一"可以省略，"收到礼物"的时间不确定。例（40）中的"刚才"修饰整个"一……，就……"结构，"一"不能省略，"醒来"和"收到礼物"都发生在"刚才"所指的时间段内。

28. "他刚工作三年，就升职了"与"他刚刚工作三年，就升职了"有什么不同？

《现代汉语八百词》（增订本）中"刚"和"刚刚"都有三个基本义项，一是"表示发生在不久前"，二是"正好在那一点上"，三是"表示勉强达到某种程度；仅仅"[1]。可见，该书将"刚"和"刚刚"等同了起来。实际上，"刚"和"刚刚"既有相同点，也有不同点。旺盛（1991）发现"刚刚"在使用中与"刚才"有所交叉，宁晨（2010）在此基础上从句法和语义等角度将"刚刚"分成了两小类，甚至将"刚刚"看作时间副词和时间名词的兼类词。

28.1　"刚刚"的使用情况

28.1.1　语义方面
"刚刚"可以表示动作或事件发生的起始点。例如：

（1）他刚刚写完作业。

---

[1]　详见吕叔湘主编《现代汉语八百词》（增订本），北京：商务印书馆，1999：216～217。

（2）我们刚刚从超市回来。

"刚刚"还可以表示动作或事件在说话前不久已发生或完成。例如：

（3）他刚刚在图书馆看书。

（4）他们刚刚不是吃过了吗？

例（1）和例（2）中的"刚刚"可以由"刚"来替换，例（3）和例（4）中的"刚刚"则可以由"刚才"来替换。

28.1.2　句法方面

"刚刚"既可以做状语，也可以做句首修饰语和定语。例如：

（5）会议刚刚结束。

（6）我们刚刚还在回忆暑假里的故事呢。

（7）刚刚我们还在回忆暑假里的故事呢。

（8）大家不约而同地想到了刚刚的场景。

例（5）中的"刚刚"在动词"结束"之前做状语，这里"刚刚"可由"刚"来替换，不能由"刚才"替换；例（6）中的"刚刚"在主语之后、谓语之前充当状语，例（7）中的"刚刚"位于句首做整个句子的修饰语，这两例中的"刚刚"可由"刚才"来替换；例（8）中的"刚刚"做定语，也可由"刚才"替换。

此外，"刚刚"做状语时，可与"别"共现，也可以与表时态的时间副词共现。例如：

（9）别刚刚上了几天班，又开始迟到早退。

（10）我刚刚在吃饭的时候，他进来送了我一块巧克力。

（11）我刚刚已经给他打过电话了。

例（9）中的"刚刚"与"别"共现，"刚刚"可由"刚"替换；例（10）中的"刚刚"用在表进行态的时间副词"在"前面，"刚刚"可由"刚才"替换；例（11）中的"刚刚"用在表已然态的时间副词"已经"前面，"刚刚"也可由"刚才"替换。

通过上述对"刚刚"的描写，可以发现"刚刚"与时间名词"刚才"和时间副词"刚"在句法和语义等方面存在交叉，有时可与"刚才"互换，而有时可与"刚"互换。

28.2 "刚刚"与"刚"的异同

28.2.1 二者的相同之处

这里我们参照《现代汉语八百词》（增订本）中对"刚"和"刚刚"在句法、语义方面的描写，归纳它们的相同点。

第一，它们都可以修饰动词和少数表示变化的形容词，表示动作行为或状态在不久前发生或变化。例如：

（12）他刚／刚刚睡了一会儿。

（13）他心情刚／刚刚好起来。

这里的"刚"和"刚刚"是在单句中使用。"刚"和"刚刚"也可以出现在复句中，它们通常位于前一分句，后有"就、又"等与之呼应。例如：

（14）天刚／刚刚亮，他们就出门了。

（15）他们刚／刚刚想溜走，又被老板发现了。

第二，它们都可以位于动词、形容词、数量结构之前，表示正好在那一点上。例如：

（16）他这次考了60分，刚／刚刚及格。

（17）桌子上只剩了一碗饭，我刚／刚刚能填饱肚子。

（18）这件衣服不大不小，刚／刚刚好。

（19）我到教室刚／刚刚八点，没有迟到。

"刚"和"刚刚"在例（16）和（17）中位于动词"及格"和"填"之前，在例（18）中位于形容词"好"之前，在例（19）中位于数量结构"八点"之前。

第三，它们都可以表示勉强达到某种程度，有"仅仅"之义。例如：

（20）他的声音太小了，我刚／刚刚能听到。

（21）他们的作业已经写完了，我才刚／刚刚写到一半。

在本节标题所列两例中，可以将"他刚／刚刚工作三年，就升职了"中的"刚"和"刚刚"用于"工作"之后，此时，"他工作刚／刚刚三年"中的"刚"和"刚刚"所表示的"仅仅"之义较为突出。

"刚"和"刚刚"所表达的"正好在那一点上"和"勉强达到某种程度"之义是需要通过上下文语境来判定的。如"刚刚两袋米,我要三袋呢",这里的"刚刚"是"仅仅"之义;而"不多不少,刚刚两袋米"中的"刚刚"表示"正好在那一点"。

28.2.2　二者的不同之处

从语义上看,"刚刚"往往比"刚"更强调和突出动作或事件的速发性。例如:

(22)我刚想买那件衣服,就被其他人买走了。

(23)我刚刚想买那件衣服,就被其他人买走了。

"刚刚想买"比"刚想买"的时间间隔更短,当前后两个动作"间不容发"时,"刚刚"比"刚"给人的感觉更强烈、更鲜明。

从构词上看,"刚刚"可以看作"刚"的重叠形式,它在语用上受到的韵律的制约较为明显。通常,"刚刚"会避免与叠音副词或含叠音成分的中心语连用。例如:

(24)对一个人来说,3岁仅仅刚上幼儿园。

(25)天刚蒙蒙亮,我们就动身出发了。

这两例中的"刚"如果换成"刚刚"在节律上会显得不和谐。另外,双音节的"刚刚"倾向于修饰双音节的中心语。例如:

(26)早春二月,严冬的最后一场残雪刚刚融化。

29. "他快要来了"与"他就要来了"有什么不同?

"快要"和"就要"是由"快""就"与"要"组合而成的,目前来说,学界对"快要"作为副词没有异议,但对"就要"的认识并不统一。《现代汉语词典》(第7版)、《现代汉语八百词》(增订本)等将"快要"收录为副词,但未收录"就要";《现代汉语虚词词典》(侯学超主编)、《现代汉语虚词词典》(张斌主编)等则将"快要""就要"同时收录为副词。董秀芳(2016)指出,"就要"虽然从组合上看是一个副词与一个助动词的连用，意义上具有可分析性，但语感上给人以很强的词的感觉，因此可将其看作一个正在形成中的副词。

《现代汉语规范词典》（第 3 版）收录"就要"作为副词，认为其有两个义项：（1）表示情况即将发生，相当于"将要、快要"；（2）表示应该怎样，相当于"就应、就得"。从释义中我们看到，"就要"的第一个义项中使用了"快要"对其进行解释，那么二者在用法上是否相同？在使用时需要注意哪些问题？这些将是我们在这一节中重点讨论的问题。

29.1　框架语义特征相同

"他快要来了"与"他就要来了"中的"快要"和"就要"位于主语之后、谓语动词之前，处于状语的位置。朱庆祥（2017）注意到此时"快要……了"和"就要……了"具有相似的语义框架：（1）当前相关性，以当前（说话时）为默认时间参照点；（2）已然将要性，描摹某种已然将要发生但尚未发生的情况；（3）短时快速性，事态在相对短时间内会变化。"他快要来了"和"他就要来了"从语义上涉及如下内容：（1）在没有其他时间参照点的情况下，说话时间就是参照时间，这是默认的参照时间；（2）"他来"这件事情会发生，但在说话时尚未发生；（3）"他来"这件事情会发生在说话时间之后，而且是在说话时间之后很短的时间内就会发生。

29.2　时间状语搭配异同

相同的框架语义使得"快要……了"和"就要……了"在句法结构中也呈现出相似性。例如：

（1）公交车快要进站了。

（2）公交车就要进站了。

这两句中没有特别提示时间参照点，所以默认说话时间为时间参照点，也就是说，说话时间与参照时间重合。有时在"快要"和"就要"前面也会出现表明说话时间即为参照时间的时间词语。例如：

（3）公交车现在 / 此时 / 这会儿快要进站了。

（4）公交车现在 / 此时 / 这会儿就要进站了。

"现在""此时""这会儿"都表示参照时间为当下，与说话时间重合。此外，还存在参照时间为过去某一时刻的情况。例如：

（5）你自己说你那时快要 / 就要升职了。

（6）我昨天赶到这儿的时候快要 / 就要晕倒了。

"那时"和"昨天赶到这儿的时候"作为参照时间，是说话时间之前的时间，而事件"升职""晕倒"的发生时间是参照时间之后的时间，这里的参照时间定位相对明确。指向过去的时间如果是模糊的、不确定的，则一般不能出现在这两个结构框架中。例如：

（7）*我过去快要 / 就要晕倒了。

这里的"过去"作为时间参照点显得模糊不定，在语义上与"晕倒"很难搭配，"晕倒"一般是一触即发的，不可能在很长一段时间里发生。因此，参照时间除了定位明确之外，在时量上也应只短不长。此外，还需要照顾到事件发生与时间参照之间的合理性。例如：

（8）她那天就要 / 快要生孩子了。

（9）*她那个世纪就要 / 快要生孩子了。

（10）*她那一秒就要 / 快要生孩子了。

"那天"相对于"那个世纪"而言是短时量，而且"生孩子"这件事也与时间参照点"那天"相适宜，用"一个世纪"和"一秒钟"作为时间参照则不符合实际。值得注意的是，当时间参照换为"那个月"时，"快要"和"就要"呈现出不同的可接受度。例如：

（11）? 她那个月快要生孩子了。

（12）她那个月就要生孩子了。

这两句中，"就要"句的可接受度强于"快要"句，这说明"就要"的主观性强于"快要"，"快要"受到的客观制约多于"就要"。这种限制还体现在："快要"前面一般不接受表将来的时间状语，而"就要"前面可以。例如：

（13）*下周六快要考试了。

（14）下周六就要考试了。

（15）*明年我快要读小学了。

（16）明年我就要读小学了。

这种区别的根本不在于"快要……了"和"就要……了"，从构词上看，"快要"和"就要"分别是由"快"和"就"与"要"组合而成的，"快……了"与"就……了"在与表将来的时间状语的组合上就已经表现出了差异。例如：

（17）*下周六快考试了。

（18）下周六就考试了。

（19）*明年我快读小学了。

（20）明年我就读小学了。

朱庆祥（2017）认为，"快"与"就"存在差异的根本原因是这二者自身对于时间参照点以及事件发生时间与此时间参照点的对应关系的限制不同。当"快"前面有时间状语时，"快"把前面的这一时间强制定位为事件未发生的时间参照点，而不是事件未来发生的时间范围，表示在该参照点之后可能发生，在该参照点内绝对不可能发生。"下周六快考试了"中，"下周六"被强制定位为事件"考试"未发生的时间参照点，但实际上它是"考试"这一事件未来发生的时间范围，这与"快"对于时间参照点与事件发生时间的关系描述矛盾，因此表未来的时间不大可能与"快……了"结合。而"就"没有这方面的限制。

此外，在与副词连用方面，"快要……了"和"就要……了"也有所不同："快要"前面可以出现"都、又、就"等做状语的副词，而"就要"前面不可以。例如：

（21）我的心都快要碎了。

（22）*我的心都就要碎了。

（23）哎呀，又快要上学了，真烦人！

（24）*哎呀，又就要上学了，真烦人！

（25）她的青春就快要一去不复返了。

（26）*她的青春就就要一去不复返了。

在与短时时间副词搭配时，"快要"与"就要"的使用频率呈现出差异。郝思瑾（2011）在 CCL 语料库中对"快要、就要"与时间副词"马上、眼看"的搭配情况进行了穷尽调查，发现"快要"前出现"马上、眼看"的只有 10 例，而"就要"前出现"马上、眼看"的有 976 例，数量差异相当明显，这也进一步反映了"快要"与"就要"在主观性上的差异，"就要"倾向于出现在"临界点"的主观化表达中。

30. "饭已经凉了"与"饭都凉了"有什么不同？

"饭已经凉了"中的"已经"和"饭都凉了"中的"都"与"了"搭配，都表示"饭由热到凉"这种变化和状态的实现。《现代汉语词典》（第 7 版）和《现代汉语八百词》（增订本）中对"已经"的解释均为"表示动作、变化完成或达到某种程度"，对"都"的解释则为表示"已经"。可见，从词典释义角度看，二者的区别不大，汉语学习者甚至可能会误认为二者完全等同。实际上，二者除了具有相同的句法表现之外，也存在着一些句法差异，在语义和语用上也有着很多不同。

郭春贵（1997）考察了两本剧本、一本小说和一本剧本选[①]中"已经"和"都"的使用情况，发现"已经"的使用次数远超"都"，这在一定程度上说明"已经"的使用范围比"都"广得多。通常，"都"能出现的句法环境，"已经"也可以出现。

30.1 可替换的句法环境

"已经"和"都"在某些特定的句法结构中语义相近，可以互换。这样的句法结构一般有：已经 / 都 + 动（宾）+ 了、已经 / 都 + 形容词 + 了、已经 / 都 + 数量短语 + 了、已经 / 都 + 快 / 要 + 动（宾）+ 了。例如：

（1）他已经 / 都睡了。

（2）他已经 / 都回家了。

---

① 两本剧本分别是《龙须沟茶馆》《苏叔阳剧本选》，小说为《肃反小说选》，小说剧本选为《张洁小说剧本选》。

（3）天已经/都黑了。

（4）她已经/都老了。

（5）已经/都七点了。

（6）这些已经/都三十斤了。

（7）我们已经/都要放假了。

（8）孩子们已经/都快开学了。

例（1）中的动词"睡"和例（2）中的动宾组合"回家"与句末"了"连用，表示动作"睡"和"回家"的完成和实现。时间副词"已经"和"都"位于动词之前，表明动作完成的时间不是现在，而是时间参照点（这两例中为说话时，即"现在"）之前。例（3）和例（4）中的"已经"和"都"出现在形容词"黑"和"老"的前面，"黑"和"老"后面又紧跟"了"，此时不仅表示"黑"和"老"这两种状态的实现，还强调"天黑了""她老了"这些状态出现和达成的时间不是现在，而是时间参照点（即"现在"）之前。例（5）和例（6）中的"七点"和"三十斤"是数量结构，与句末"了"连用分别表示"时钟到达七点这一现实状况的实现"和"重量达到三十斤这一现实状况的实现"。同样，时间副词"已经"和"都"位于数量结构之前，表示达到相应数量的时间不是现在，而是时间参照点（即"现在"）之前。例（7）和例（8）中的"已经"和"都"出现在"快/要＋动（宾）＋了"结构前面，这一结构表示在时间参照点之后即将实现某种状况，时间副词"已经"和"都"表明，即将实现的某种状况所产生的时间不是现在，而是时间参照点（即"现在"）之前。

例（1）～（8）中的"已经"和"都"可以互换，但二者在语义表达上有所不同。"都"除了强调已然之外，还具有较强的主观色彩。以例（5）为例，"已经七点了"是对客观事实的陈述，而"都七点了"在不同的语境中会呈现出不同的感情色彩。例如：

（9）都七点了，你怎么还不来？

（10）都七点了，你就别去了吧。

（11）都七点了，末班车也停运了。

这三例中的"都"表示时间到达七点是之前就已达成的状态，与"已经七点了"相比，"都七点了"不再是客观地陈述时间点，而是强调该时间点在说话人认知里是一个主观大量，即七点已经很晚了。"都＋时间点＋了"一般表示时间晚，在这一前提下，一般会产生因时间晚而导致的一系列行为活动或言语活动。如例（9）中，"都"含有不满的情感，后面通过反问句"你怎么还不来"与之呼应；例（10）中，"都"具有劝慰的功能，在提醒时间点的同时，劝对方"别去了"；例（11）中，"都"强调惋惜的情感，引出"末班车停运"这一令人惋惜的事实。

例（9）～（11）中的"都"可以被"已经"替换，但替换后构成的"已经＋时间点＋了"只是对客观时间的陈述，没有主观量的表达。

30.2　不可替换的句法环境

"已经"和"都"在主观性上存在差异，"已经"侧重于客观陈述，而"都"强调主观表达，因此很多句子中的"已经"并不能被"都"替换，具体影响因素有：疑问句环境、表意客观性、非真实语境、"是"字强调表达、句末"了"的共现等。

"已经"可以直接用在疑问句中，而"都"比较受限。例如：

（12）谁已经 20 岁了？

（13）*谁都 20 岁了？

（14）他已经退休了还是没退休？

（15）*他都退休了还是没退休？

"已经"可以在上述特指问句、选择问句中自由地使用，而"都"很难出现在这样的句类中。

"已经"能够用在对已然客观事实的说明、描写和报道中，而"都"不可以。例如：

（16）房产已经从玩的时代回归到做的时代。

（17）*房产都从玩的时代回归到做的时代。

（18）他已经一屁股坐在地上哈哈大笑。

（19）*他都一屁股坐在地上哈哈大笑。

"已经"还可以用在表示非真实的完成，或者假设、推测存在某种事实的句子中，这时"已经"也不能被"都"替换。例如：

（20）即使他已经觉得很满意了，他还是会听取其他决策者的意见。

（21）*即使他都觉得很满意了，他还是会听取其他决策者的意见。

（22）她好像已经说过这件事情。

（23）*她好像都说过这件事情。

"已经"能够用在"是＋时间词语"之前，强调时间到达某一点，而作为时间副词的"都"一般不能出现在这一结构之前。例如：

（24）现在已经是十月份了。

（25）*现在都是十月份了。

（26）十四万年前的人，最后走出非洲的时候，大概也已经是七万年以前。

（27）*十四万年前的人，最后走出非洲的时候，大概也都是七万年以前。

"已经"和"都"通常与句末"了"共现，但有时候使用"已经"时，可以省略句末"了"，而"都"没有此用法。例如：

（28）高等学校已经成为科学研究的重要基地。

（29）*高等学校都成为科学研究的重要基地。

（30）在语言教学中，计算机已经成为正规教学的一部分。

（31）*在语言教学中，计算机都成为正规教学的一部分。

31. "我还要一碗面"与"我再要一碗面"有什么不同？

《现代汉语八百词》（增订本）中认为，"还"表示"动作或状态持续不变；仍然"，"再"表示"一个动作（或一种状态）重复或继续。多指未实现的或经常性的动作"。在"我还要一碗面"与"我再要一碗面"中，"要一碗面"这一动作行为已经发生过，接下来会延续或重复同样的动作，此时"还"与"再"处于相同的句法环境，语义表达有交叉，也有差异。

蒋琪、金立鑫（1997）认为"还"与"再"都具有重复义，区别是："还"

侧重于"连"之延续，即动作行为不间断的延续；"再"侧重于"断"后之重复，即动作行为在一个阶段结束之后的重复。据此，"我还要一碗面"强调的是"要一碗面"这一动作行为的延续，而"我再要一碗面"强调的是在前一动作行为"要一碗面"结束的基础上重复该动作。

31.1 基本语义比较

"还"可以表示相同动作行为的再次发生，此时多用于表示将来的情况，很少用于陈述过去相同的情况。例如：

（1）明天在家还吃面包的话，我就点外卖。

（2）明年暑假我还来看你。

（3）*这里的包子很好吃，我昨天早上吃了一个，还吃了一个。

例（1）和例（2）中，"还"后面的动作行为的时间限定分别是"明天"和"明年暑假"，例（1）表达的是一种虚拟假设，而例（2）表达的是一种非虚拟假设。"还"在这两种情况中都可以出现，但当表示将来非虚拟假设时，"还"倾向于与表意愿的动词（包括能愿动词）共现，如"我还要一碗面"。例（3）是对过去情况的陈述，在这种情况下，"还"很少表示两个相同动作行为的重复。但当前后动作相同但支配对象不同、前后动作不同但支配对象相同或者前后动作相似且支配对象相似时，"还"可以用于对过去情况的陈述。例如：

（4）刚才我买了一个包子，还买了一个馒头。

（5）刚才我买了一个包子，还包了一个包子。

（6）刚才我吃了一个包子，还喝了一碗米粥。

例（4）中，前后动作相同，都是"买"，但动作支配的对象不同，一个是"包子"，一个是"馒头"；例（5）中，动作支配对象相同，都是"包子"，但动作不同，一个是"买"，一个是"包"；例（6）中，前后动作及动作支配对象都不同，但可以将"吃包子""喝米粥"看作同类进食动作行为，从这个角度看，前后动作行为是重复的。

"还"可以表示某种行为状态在一定情况下的持续或延续。例如：

（7）都晚上 11 点了，他还没回家。

（8）我们 10 年没见了，她还那么漂亮。

（9）夜深了，他还在工作。

例（7）中的"还"表示"没回家"这一行为状态的持续；例（8）中的"还"后接形容词短语，说明"漂亮"这一状态的延续；例（9）中的"还"用在副词"在"前面，表示"工作"这一行为从夜未深一直持续到夜深。

"再"表示重复，是对前一个动作行为的重复。一般分为两种情况，一种是虚拟的重复，一种是真实的重复。"再"不能用于陈述过去的事实，但可以用于表示过去的虚拟假设，在表示未来的情况中也基本不受限。例如：

（10）*刚才我买了一个包子，再买了一个馒头。

（11）如果昨天我再买一个包子就好了。

（12）今天她不在家，明天我再去找她。

（13）你唱得太好听了，再给我们唱一遍吧。

例（10）表述的是过去动作的重复，在此，"再"不能用于陈述过去事实，但当所述过去的情况是一种假设时，如例（11）中，客观实际是没有再次"买一个包子"，"再"可用于虚拟假设，表示"买一个包子"这一动作行为的重复。例（12）和例（13）都是未来情况的表达。例（12）中，"今天去找她"并没有发生，但"今天去找她"这一想法是存在的，因此"明天去找她"是一种虚拟重复；例（13）是指第二次唱，是真实的重复。

31.2 主客观表意差异

"还"表示说话人带有一定的主观情感，"再"则侧重于客观叙述。例如：

（14）这种饮料太好喝了，我还想喝一瓶。

（15）一瓶饮料不解渴，我再喝一瓶。

再次"喝一瓶"在例（14）中是出于主观意愿，而在例（15）中是由于"一瓶饮料不解渴"而产生的客观需求。"还"的主观性还表现在对表意愿的动词（包括能愿动词）的倾向性选择上，在单独使用"还"的句子不成立时，如果在"还"后添加表意愿的动词（包括能愿动词），则句子往往能够成立。比如将例（3）改写如下，句子就能够成立：

（16）这里的包子很好吃，我昨天早上吃了一个，还想吃一个。

值得注意的是，与能愿动词搭配时，"还"与"再"同能愿动词的前后位置不同，"还"在能愿动词的前面，而"再"在能愿动词的后面。例如：

（17）他还想去游乐场玩一下。

（18）他想再去游乐场玩一下。

与能愿动词搭配时，"还"语义后指，指向能愿动词"想"；"再"语义后指，指向实义动词"去"。

31.3 句类选择及句法异同

句类是根据语气划分的句子类别，有陈述句、疑问句、感叹句和祈使句四种类型。本节第一部分对"还"和"再"在陈述句中的使用做了较为详细的说明，此外，"还"和"再"都可以出现在疑问句中，但只有"再"可以出现在祈使句中。例如：

（19）她怎么还不回来？

（20）我再回答一遍吗？

（21）不准你再这样跟我讲话。

例（19）和例（20）是疑问句，例（21）是祈使句。例（19）中，"还"后面是否定副词，能与"还"连用的否定副词数量较为有限，一般只有"不、没、没有"等，而且否定副词只能位于"还"之后。"再"与否定副词连用时，既可以位于否定副词之前，也可以位于否定副词之后。例如：

（22）他保证以后不再迟到。

（23）他保证以后再不迟到了。

此外，当实义动词是重叠形式时，该重叠式往往能与"再"搭配，而不能与"还"搭配。但如果动词重叠式前添加了能愿动词，则"还"可以与之搭配。例如：

（24）我再听听。/ 我再听一听。

（25）*我还听听。/*我还听一听。

（26）我还想听听。/ 我还想听一听。

32. "再喝一杯"与"又喝了一杯"有什么不同?

《现代汉语八百词》（增订本）中认为"又"有三种用法：一是"表示相继，与时间有关"，二是"表示积累，与时间无关"，三是"表示某些语气"。"再"表示"一个动作（或一种状态）重复或继续。多指未实现的或经常性的动作"。可见，当与时间相关时，"又"和"再"存在语义交叉。

32.1 "再"的义项及用法

李晓琪（2002）对"再"和"又"的义项及用法做了较为详细的归纳和描写，其中与时间表达相关的"再"有三个义项，分别是：表示重复，表示持续，以及表示动作将要在特定条件下发生。

当"再"表示重复时，其多用于未实现的或经常性的动作、状态。基本的句法格式有以下五种：再＋动词（＋动量短语）（＋宾语）、再＋动词重叠、意愿动词（含能愿动词）＋再＋动词短语、一＋V＋再＋V（V为相同动词）、再＋（也）＋否定副词＋动词短语，以及否定副词＋再＋动词短语。例如：

（1）我没听清楚，请你再说一遍。

（2）你再听听他们到底在讨论什么。

（3）他想再喝一杯果汁。

（4）我们一忍再忍，难道你不知道吗?

（5）从那以后，我再也没见过她。

（6）他说以后不再跟他做朋友了。

例（1）中的"再说一遍"是"再＋动词＋动量短语"；例（2）中的"再听听"是"再＋动词重叠"；例（3）中的"想再喝一杯果汁"是"能愿动词＋再＋动词短语"；例（4）中的"一忍再忍"是"一＋V＋再＋V"；例（5）中的"再也没见过她"和例（6）中的"不再跟他做朋友了"是"再"与否定副词的搭配，"再"既可以位于否定副词前面，也可以位于否定副词后面，其中例（5）是"再"居于否定副词之前的情况，例（6）是"再"居于否定副词之后的情况，"再"与否定副词位置的不同会导致语义上的差异，"再+否定副词"表示动作不重复或不继续下去，主观色彩浓厚，"否定副词+再"倾向于客观陈述。

当"再"表示持续时，常用于表示虚拟或建议。例如：

（7）要是再不走，就没有回去的地铁了。

（8）再坐一会儿吧，他马上就来了。

这两例中的"再"都表示动作行为的持续，例（7）中的"要是"表示对未来情况的虚拟，例（8）中的"再坐一会儿"是对未来情况的建议。"再不走"是"再+不+动词"，"再坐一会儿"是"再+动词+时量词"。

"再"还可以表示一个动作将要在特定条件下发生，此时"再"通常用在后一小句中。例如：

（9）今天博物馆闭馆，我们明天再去吧。

（10）他现在还没回来，等他回来后咱们再讨论。

（11）你先去游泳吧，我们一会儿再去。

此外，"再"还可以表示程度加深，以及追加和补充，但都与时间概念关联不大。例如：

（12）时间再晚，他都要赶回家陪自己的老母亲。

（13）我本来就不想跟他们一起去，再加上今天身体不舒服，我没有接受他们的邀请。

32.2 "又"的义项及用法

"又"的义项也比较多，其中与时间表达相关的义项是表示重复，多用于已经实现的动作或状态。基本的句法格式有以下五种：又+动词短语/形容词短语、V+了+又+V（V为相同动词）、一+量词+又+一+量词（量词相同）、又+数量短语、又+否定副词。例如：

（14）他昨天拉了肚子，今天又拉肚子了。

（15）春天来了，万物又复苏了。

（16）在医院治疗了一段时间以后，他的身体又好起来了。

（17）这件衣服她洗了又洗，还是没洗干净。

（18）她一次又一次地跌倒，一次又一次地爬起来。

（19）她又一次站到了最高领奖台上。

（20）她们又没按时参加会议。

例（14）中的"又拉肚子"和例（15）中的"又复苏"是"又＋动词／动词短语"，"又"一般用于表示过去的事件或状态，但例（15）不是对过去事件的陈述，而是表示规律性事件中动作的再次发生，有动作发生太快或前后时间间隔太短的意味；例（16）中的"又好起来"是"又＋形容词短语"；例（17）中的"洗了又洗"是"V＋了＋又＋V"；例（18）中的"一次又一次"是"一＋量词＋又＋一＋量词"；例（19）中的"又一次"是"又＋数量短语"；例（20）中的"又没"是"又"与否定副词"没"的搭配，表示不如意的事情的发生，否定副词通常位于"又"之后，但当否定副词是"别、不要"时，否定副词往往位于"又"之前，表示对未来事件的提醒或劝阻。例如：

（21）出去的时候多穿点，别又冻感冒了。

（22）你回来的时候不要又忘了帮我带饭。

32.3　"再"与"又"用法比较

当陈述过去事实时，"又"比"再"自由，即"又"可以较为自由地陈述过去事实，而"再"不可以。例如：

（23）我昨天吃了这家店的一个肉包，觉得味道特别好，今天早上又吃了一个。

（24）刚才我去了公园，又去了超市。

例（23）中的"又"表示同一动作行为"吃肉包"的重复；例（24）中，前后动作行为不一致，前面是"去公园"，后面是"去超市"，但属于同类行为。这两例中的"又"不能换成"再"。但当表示过去虚拟事件时，可以用"再"而不能用"又"。例如：

（25）要是昨天我再买一件这种衣服就好了。

（26）*要是昨天我又买一件这种衣服就好了。

当表示未来非假设事件时，"再"较为自由，而"又"受限。例如：

（27）我先回去了，明天再来看你。

（28）*我先回去了，明天又来看你。

（29）博物馆今天闭馆，我们明天再去吧。

（30）*博物馆今天闭馆，我们明天又去吧。

当表示未来假设事件时，"再"和"又"都能用，但"又"倾向于表述不如意的事件。例如：

（31）如果明天我们再吃自助餐就好了。

（32）*如果明天我们又吃自助餐就好了。

（33）如果明天闹铃再失灵，我们就去买个新的。

（34）如果明天闹铃又失灵，我们就去买个新的。

33. "小王又来了"与"小王也来了"有什么不同？

《现代汉语八百词》（增订本）中认为"也"有四种用法，一是"表示两事相同"，二是"表示无论假设成立与否，后果都相同"，三是"表示'甚至'，加强语气，前面隐含'连'字，多用于否定句"，四是"表示委婉的语气"。可见这四种用法释义中，前两种用法实际上都表示"相同"，马真（1982）认为"也"的基本作用是表示类同，有实、虚两种用法。

"又"也是一个义项较多的副词，《现代汉语八百词》（增订本）中认为"又"有三种用法，一是"表示相继，与时间有关"，二是"表示积累，与时间无关"，三是"表示某些语气"。在与时间相关的"相继"义项上，"又"和"也"具有表意相似性，即二者都含有重复义。上一节中，我们讨论了"又"与时间表达相关的义项及其基本格式，主要有以下五种基本的句法格式：又＋动词短语/形容词短语、V＋了＋又＋V（V为相同动词）、一＋量词＋又＋一＋量词（量词相同）、又＋数量短语、又＋否定副词。

33.1 "也"的基本语义及用法

马真（1982）认为存在于并列关系、递进关系、让步转折关系、条件关系、假设关系、表"甚至"、表强调、表委婉语气、表别无办法等语境中的"也"的基本用法是表示类同，可以分为虚用用法和实用用法两种。虚用用法中，"也"往往与某些词语构成固定格式，整个格式表示某种特定的语法意义，如"虽然/尽管……，也……"等。实用用法是指在有"也"的句子里，相类同的诸项都明白说出，有以下三种格式：XW，Y 也 W；XW_1，X 也 W_2；XW_1，Y 也 W_2。

"XW，Y 也 W"是指前后分句主语不同而谓语相同的复句，"也"主要强调 Y 在某种动作、状况、性质（W）上面与 X 类同。例如：

（1）小张来了，小王也来了。

（2）小张的脸红红的，小王的脸也红红的。

（3）小张不想去跑步，小王也不想去跑步。

"XW，Y 也 W"既可以表示并列关系，也可以表示假设关系。表示假设关系时，W 末尾通常不能有"了"。例如：

（4）"最后谁去了？""小张去了，小王也去了。"

（5）"到底派谁去呢？""小张去，小王也去。"

例（4）是并列关系复句，例（5）是假设关系复句。"小张去了，小王也去了"中，句末有"了"表示句中所述为过去的事情；"小张去，小王也去"表示未来的事情，没有上下文语境时会存在歧义，既可以表示并列关系"小张和小王都去"，也可以表示假设关系"如果小张去，小王也会去"。

"XW_1，X 也 W_2"是指前后分句主语相同而谓语不同的复句，"也"主要强调对于 X 来说，W_2 代表的动作行为、状况等与 W_1 类同。由于前后分句主语相同，有时后面分句中的 X 可以省略，构成"XW_1，也 W_2"格式。例如：

（6）他喜欢打篮球，（他）也喜欢踢足球。

（7）他不怕冷，（他）也不怕热。

"XW_1，Y 也 W_2"是指前后分句主语和谓语均不同的复句，"也"强调 Y 的情况（W₂）与 X 的情况（W₁）类同。例如：

（8）风轻了，云也淡了。

（9）寒假小张去西藏了，小王也去云南了。

在上述三种格式表示并列关系时，如果复句中只有一个"也"，那么这个"也"通常位于后一分句，而不是前一分句。此外，前后分句中可以都使用"也"。例如：

（10）风也轻了，云也淡了。

（11）他也不怕冷，（他）也不怕热。

33.2 "又"与"也"用法比较

从语义上说，"又"与"也"的区别表现在："又"强调同一主体或同类主体在动作行为或状态方面的"反复"；"也"通常是说不同主体在动作行为或状态方面的类同，只在"XW₁，X 也 W₂"结构中表示同一主体前后动作或状态的类同。例如：

（12）"你出去看看吧，小王又来了！""他不是刚来过吗？怎么又来啊？"

（13）"现在都有谁到了？""小李来了，小王也来了。"

从时态选择上看，"也"没有特别的时态要求，既可以用在表示过去的事件或状态的句子中，也可以用在表示现在或未来的事件或状态的句子中；"又"则倾向于用在表示过去的事件或状态的句子中，常与句末"了"连用，在语义上多表示不如意的状况。如例（12）和例（13）中，"小王又来了"带有说话人对"小王"再次到访感到不满的情绪；而"小王也来了"是说"小王"跟"小李"一样都来了，只是客观陈述"小王"来到此地这一事实。

在与否定副词的连用上，"也"的用法比较自由，受限较少，既可以位于否定副词的前面，也可以位于否定副词的后面，但位于前后表意不同。例如：

（14）小李不吃包子，小王也不吃包子。

（15）小李来找我，小王别也来找我。

（16）小李在那儿吃包子，小王不也在那儿吃包子吗？

例（14）中，"也"位于否定副词"不"之前，是对否定成分"不吃包子"

的重复。例（15）和例（16）中，否定副词"别"和"不"位于"也"之前。"别"是对重复成分"也来找我"的否定；"不"出现在疑问句中，在对重复成分"也在那儿吃包子"进行否定的同时，还表达一种反问的语气。

能与"又"连用的否定副词很多，如"不、没、没有、别"等，它们相对"又"而言也是可前可后。当"又"前置时，"又"表示对动作行为重复出现或状态持续的否定。当"又"后置时，一般有两种情况：一种是"别"在"又"前，表示禁止或劝阻；一种是其他否定副词在"又"前，表示反问语气。例如：

（17）小李今天又没来上学。

（18）小李今天肚子又不舒服了。

（19）你别又迟到了。

（20）小猫不是又回来了吗？

34. "他不再来了"与"他再不来了"有什么不同？

"再"可以与否定词合用，其中否定词可以在前，也可以在后，如"他不再来了"和"他再不来了"。《现代汉语八百词》（增订本）认为，否定词与"再"前后位置的不同会造成语义差异：否定词在前表示动作不重复或不继续下去；否定词在后，"再"和否定词中间有时加"也"，也是表示动作不重复或不继续下去，但语气更强，有"永远不"的意思。周刚（1994）则认为"再"与否定词的合用没那么简单，尤其是否定词在后时，"再"与否定词中间是否加"也"以及否定词具体是什么都会影响"再"与否定词合用时的意义表达。

34.1　否定词在前

否定词可以位于"再"前，此时否定词一般为"不、没、别"，表示动作行为不重复或不继续下去。例如：

（1）我决定不再抱怨了。

（2）她脸上带着微笑，鼻子不再红通通。

（3）他没再回答，头也不抬地只顾忙着自己的事情。

（4）你们别再大喊大叫了。

（5）他们都劝小王赶紧去找工作，别再读书了。

例（1）和例（2）中，否定词是"不"，位于"再"前。"不再抱怨"是"不＋再＋动词"，是说"抱怨"这一动作行为不重复下去；"不再红通通"是"不＋再＋形容词"，是说"鼻子红通通"的状态不继续下去。例（3）中，否定词是"没"，"没再回答"是"没＋再＋动词"，是说"他"没有继续回答下去。例（4）和例（5）中，否定词是"别"，当"别"与"再"合用时，一般有两种用法：一种是用在祈使句中，表示对某种动作行为的禁止，如"别再大喊大叫"，是对"大喊大叫"这一动作行为的明令禁止；一种是对某种动作行为的劝阻，如例（5）是"他们"劝"小王"不要继续读书。

值得注意的是，当"再"是肯定形式时，其一般不可用于陈述过去的事实，但"否定词＋再"可以用于陈述过去的事实。例如：

（6）*那里的水果很新鲜，我再买了一斤。

（7）那里的水果虽然很新鲜，但是一斤足够了，我没再买。

34.2　否定词在后

否定词也能够位于"再"后，可以分为两种情况：一种是"再"和否定词中间加"也"的情况，一种是"再"和否定词中间不加"也"的情况。

"再"和否定词中间加"也"时，否定词一般是"不、没、别"。例如：

（8）他们对我更友好了，再也不敢惹我了。

（9）侍卫从马上栽下来，再也不动了。

（10）经过一个多月的刻苦训练，现在他们步伐一致，再也不混乱了。

（11）他自从出国留学以后，再也没回家。

（12）你走出这个家门，再也别想回来！

例（8）～（10）中的否定词是"不"。"再也不敢惹我"和"再也不动"是"再＋也＋不＋动词/动词短语"，其中"敢"是表心理活动的动词，"动"是实义动词，分别表示动作行为"敢惹我"和"动"绝对不再重复；"再也不混乱"

是"再＋也＋不＋形容词"，表示"混乱"这一状态绝对不再继续或重复出现。例（11）中的否定词是"没"，"再也没回家"是"再＋也＋没＋动词短语"，是说"回家"这一行为自"他"出国留学开始，没有再重复。例（12）中的否定词是"别"，是对"想回来"这一动作行为的绝对禁止。

由此可见，在"再"和否定词中间加"也"，表示动作、行为、状态绝对不再重复或继续，有"永远不"的意思，语气强烈。有时中间的"也"可以省略，意思不变，但语气稍弱。例如：

（13）自从批评了他以后，他再也不来了。

（14）自从批评了他以后，他再不来了。

"再"和否定词中间不加"也"时，否定词一般是"不"。例如：

（15）你再不说话，我就走了。

（16）我们再不出发，就赶不上班车了。

（17）儿子再不好，也是自己的。

（18）他们再不听话，也不能直接对他们进行棍棒教育啊。

例（15）～（18）中的"再＋不"在复句中处于前一分句，在这里不表示动作、行为、状态的不重复或不继续，而是表示另外两种意思。一种意思是表示某种动作、行为、状态不发生、不出现、不进行的情况继续下去。如例（15）中，"再不说话"是"不说话"这一动作行为的持续；例（16）中，"再不出发"是"不出发"这一动作行为的持续。另外一种意思是表示某种行为、状态在程度上有所加深，含有"无论如何不"的意思。如例（17）中，"儿子再不好"是说"儿子不好"的程度进一步加深，意为"儿子无论如何不好"，全句意为"儿子无论如何不好，他也是自己的儿子"；例（18）中，"他们再不听话"是说"他们不听话"的程度更进一步，意为"他们无论如何不听话"，全句意为"他们无论如何不听话，也不能够直接对他们进行棍棒教育"。

虽然例（15）～（18）中的"再＋不"都处在复句的前一分句中，但却存在两种表意可能，这主要是因为"再＋不"在例（15）和例（16）中用于假设句，而在例（17）和例（18）中用于让步假设句。

周刚（1994）还注意到，否定词在后的第一种情况——"再"和否定词"不"

之间加"也"中，有时可以省略"也"，即"再＋也＋不"可以省略为"再＋不"，这时就与否定词在后的第二种情况——"再"和否定词之间不加"也"，即"再＋不"在形式上表现一致。二者尽管形式上看似相同，但语音停顿不同，这与二者的语义相关。例如（"∨"表示停顿处）：

（19）他再∨不来，我们就走了。

（20）从那天起，他再（也）不∨来了。

例（19）的停顿在"不"的前面，表示动作、行为、状态不进行、不发生、不出现的情况的继续，否定词与动词、形容词语义结合紧密。例（20）的停顿在"不"的后面，或者不停顿，表示动作、行为绝对不重复、不继续，"再"与"不"结合紧密，中间不能有停顿。

35. "他一直在看电视"与"他总在看电视"有什么不同？（上）

"一直"和"总"是现代汉语中常用的时间副词，在语法词典中也经常出现将二者互释的情况。《现代汉语八百词》（增订本）是这样解释这两个词的：

一直：

（1）表示顺着一个方向不变。例如：一直走，别拐弯。

（2）强调所指的范围。例如：一直到门口，全挤满了听众。

（3）表示动作持续不断或状态持续不变。例如：雨一直下个不停。／我一直在等你。／这个问题一直讨论了两个多小时。／我们一直谈到深夜。／病人一直不退烧。／我一直就不紧张。

总：

（1）表示推测、估计，多用于数量。例如：不听我的话，总有一天你会后悔的。

（2）表示持续不变，一向，一直。例如：中秋的月亮，总（是）那么明亮。／算了几遍，总（也）没算对。／昆明总是这样温暖宜人。

（3）毕竟，总归。例如：不要着急，问题总会解决的。

由此可以看出，"一直"和"总"都能够表示"持续不变"，该词典中甚至直接用"一直"对"总"进行了释义。《现代汉语虚词词典》（张斌主编）则进一步对"一直"和"总"在时间状态上的表现进行了说明。

一直：

表示动作或状态持续的时间。（1）从以前到现在，甚至到将来，始终如此。例如：他的这一愿望，恐怕一直到离开人世也难以实现。（2）在过去的某一段时间内始终如此。例如：在边疆，他一直干了五年，始终没有回过家。

总：

表示一种对事实的确认，强调动作、行为、性质、状态从过去到现在一直如此，很少例外。例如：小王总乐呵呵的。/ 你到底放哪儿了，怎么总也找不到呢。/ 他总那样规矩，从不做违法的事。/ 黑的总是黑的，不能变成白的。

在表示与时间相关的意义时，"一直"和"总"常常可以互换，但是也存在二者不能互换的情况，因此它们并不完全相同，用一方释义另一方也不太合理。例如：

（1）昨天我一直加班到深夜。

（2）*昨天我总加班到深夜。

（3）*他每天一直要到我这里来几趟。

（4）他每天总要到我这里来几趟。

这一节中我们主要从语义上对"一直"和"总"进行解释和区分，二者在句法及语用上的差异将在下一节中进行说明。

"一直"表示在特定时间范围内动作或状态不间断。例如：

（5）这么多年来，他一直陪伴在她身边。

（6）今天上午，我一直在洗衣服。

（7）这一年里，他的身体状况一直不好。

例（5）和例（6）中，"一直"后接动词性成分，分别表示"陪伴"和"洗衣服"等动作行为在特定时间范围内的持续。其中，"这么多年来"和"今天上午"都是时间段，"这么多年来"是从过去到说话时的这段时间，"今天上午"是

"今天"之中的一段时间。相比较而言，"这么多年来"是长时时间段，而"今天上午"是短时时间段。

从表意上看，例（5）和例（6）中的"一直"虽然都表示动作行为的持续，但时间段的长短有别，因此在时间连续性的表达上有所差异。例（6）可以理解为，整个一上午，"洗衣服"这一动作行为从未停止；例（5）却不能完全解释为"这么多年来，他每时每刻都陪伴在她身边，从未离开"，在这里，"一直"表示该活动在这一长时时间段里发生次数多，间隔时间短，从整体上看动作行为未间断。

例（7）中，"一直"后接形容词性成分"不好"，表示"他身体不好"这一状态在这一年中的持续。

"总"虽然也可表示动作行为、状态保持不变，但不是在特定时间范围内不间断，而是在特定时间范围内无例外地重复发生或出现。例如：

（8）这么多年来，他总是欺负我。

（9）我每次去图书馆找他，他总不在那儿。

（10）晚上吃过晚饭，他总要听一个小时的英语广播。

（11）太阳总是东升西落。

例（8）中的"这么多年来"是一个长时时间段，"总（是）"表示"他欺负我"这件事在这么多年的时间里频繁发生。例（9）和例（10）中的时间分别为特定的时间场合"我每次去图书馆找他"和"晚上吃过晚饭"，在这特定时间场合里，"他不在那儿"和"他要听一个小时的英语广播"反复出现。例（11）表述的是自然界的规律，也就是某种现象无例外地重复出现。

根据上述分析，我们可以看到，"一直"和"总"在语义上存在交叉，当时间范围为长时时间段时，"一直"表示动作行为或状态不间断，含有动作行为或状态出现频率高、时间间隔短的意思。此时，"一直"和"总"可以互换。例如：

（12）最近他一直心情不好。

（13）最近他总（是）心情不好。

但其他语义情况下，"一直"和"总"不能互换。例如：

（14）*今天上午，我总在洗衣服。

（15）*我每次去图书馆找他，他一直不在那儿。

（16）*太阳一直东升西落。

36. "他一直在看电视"与"他总在看电视"有什么不同？（下）

上一节中我们主要讨论了"一直"和"总"在语义上的关联及差异，以语义为基础，这一节中我们主要考察二者在句法及语用上的异同。

36.1 对 VP 的选择

"一直"表示在特定时间范围内动作或状态不间断，也就是表示持续不变，因而受"一直"修饰的 VP 也应具有持续不变的特点，在语义上可以用［＋持续］表示这类 VP 的语义特征。例如：

（1）*我进门的时候，他一直站起来。

（2）我进门的时候，他一直站着。

（3）我进门的时候，他一直想站起来。

例（1）中的"站起来"这一动作行为的时间延续性较差，在语义上与"一直"所具有的持续义相冲突，因此二者不能搭配使用。例（2）中的"站着"受"着"影响，表示"站"这一动作的持续状态，而例（3）中的"想站起来"是一种心理状态，也具有一定的持续性，因此它们都可以与"一直"搭配。

受语义制约，表示瞬间发生的 VP 一般很难与"一直"搭配使用，如"死、爆炸"等。但连续发生的瞬时行为有时可以出现在"一直"句中，像"拍手、鼓掌、眨眼"等尽管属于瞬时行为，但它们在日常生活中很少只发生一次，通常是连续发生。另外，如果语境中有具有持续义的相关成分，瞬时行为往往也就具有了持续义。例如：

（4）他们太兴奋了，一直拍手叫好。

（5）灯光太亮了，她一直眨眼。

（6）*小明手中的鞭炮突然一直响了。

（7）除夕夜里的鞭炮一直响个不停。

"响"表示瞬时行为，在例（6）中也是突发动作，而且只有一次，没有持续义，因此其不能与"一直"搭配；而例（7）中的"响个不停"表示"响"这一动作反复持续发生，VP 具有持续义，因此其可以与"一直"连用。

"一直"除表示持续不变外，如前文所述，还可以表示较长一段时间里相同动作行为、状态出现次数多，间隔时间短。此时，其与表示恒定不变的事件在语义上冲突，因而无法共现。例如：

（8）*他一直是日本人。

（9）*他一直是小明的爸爸。

"总"表示动作行为或状态在特定时间范围内无例外地重复发生或出现，受"总"修饰的 VP 也应具有反复出现的特点，在语义上可以用［＋反复］表示这类 VP 的语义特征。例如：

（10）外面一有声响，这只小狗总叫个不停。

（11）*我总很爱她。

（12）*我总恨了他十年。

（13）*这么多年来，他总热爱着他的工作。

（14）*他总是很瘦。

例（10）中的"叫"是可以反复出现的动作行为，与"总"具有的反复义一致，因此二者可以共现。例（11）～（13）中的"爱""恨""热爱"表示对人或事物的情感态度，持续时间久，稳定性强，语义上很难与反复义挂钩，因此它们很难与"总"共现。例（14）中的形容词"瘦"表示的状态也具有持续性，很难在短时间内反复，因此也不能与"总"共现。

36.2   对时态成分的选择

"一直"和"总"是表达时间意义的副词，可以与其他时态成分合用表达时间意义。黄瓒辉（2001）考察了这两个时间副词对于时态成分的选择，主要是它们对于标示将行、起始、继续、进行持续、完成、经历等时态的时态成分的选择，具体比较见表36-1：

表36-1 "一直"和"总"对时态成分的选择情况

时间副词	将行	起始	继续	进行、持续		完成	经历	
	将、将要、要	起来	下去	正、正在	在、着	了	曾经	过
一直	+	－	+	－	+	+	+	+
总	－	－	－	－	+	－	－	－

可以看到，相对于"总"，"一直"对时态成分的可容性更高，"一直"可以使用在未然时态中，而"总"不可以。例如：

（15）学校将一直上课到8月份奥运会开幕。

（16）*学校将总上课到8月份奥运会开幕。

"一直"和"总"对表完成态的"了"的选择是不自由的。根据黄瓒辉（2001）的考察，"一直"与"了"的共现仅限于以下两种情况：一是句中带时段定量时间成分，且标示时间终点的成分居于"一直"后；二是句中带有时量补语。例如：

（17）一直到了上大学，我才有了零花钱。

（18）我们昨天晚上一直讨论了将近两个小时。

"总"不能与"过"共现，"一直"却可以，此时"一直"与"总"在用法上对立。"一直"与"过"共现时，后面的VP总是用"没"否定，这是由"一直"的语义决定的。"V过"强调经历过某事，既然事件已经完成，那就不可能持续下去。"V过"的对立面"没V过"则是一种状态，可以持续下去，因此可以与"一直"共现。例如：

（19）我一直没听过这首歌。

值得注意的是，"一直"和"总"在与表进行、持续态的成分的共现上具有一致性，它们都可以与表示持续态的"在、着"共现。例如：

（20）这些年我一直在坚持写作。

（21）这些年我总在坚持写作。

（22）他一直盯着远方看得出神。

（23）他总盯着远方看得出神。

此外，"一直"和"总"都不能与表示进行态的"正、正在"共现。例如：

（24）*他一直正（在）看电视。

（25）*他总正（在）买东西。

"正、正在"和"在"都表示动作进行或状态持续，但在与"一直"和"总"的共现上有着截然不同的表现，因为"在"着重指状态，"正"着重指时间，"正在"则倾向于在表动态的基础上兼指时间。"正"和"正在"侧重于时点，而"一直"和"总"跟时段有关，因此它们语义冲突，不能共现。

此外，在语用上，"一直"句具有客观描述的功能，如"他一直是我的好朋友"；当"一直"句中的时间段有明显起止点时，"一直"具有表明该时间段为主观大量的功能，如"从早上 5 点到 7 点，她一直都在化妆"。

如前文语义部分所述，"总"字句可以表述规律性事件，如"太阳总是从东边升起"；还可以在单句中表达抱怨或夸赞的语气，如"他总是半夜给我打电话""王老师待人总是那么和蔼可亲"。

37. "他一直很努力"与"他一向很努力"有什么不同？

"一向"既可以做名词，也可以做副词，《现代汉语八百词》（增订本）没有收录"一向"，但《现代汉语虚词词典》（张斌主编）把它作为副词收录其中，解释为"表示行为、状态从以前直到现在始终如此"。"一直"也可以表示在一定时间范围内行为、状态的持续，因此存在二者可替换使用的情况。例如：

（1）他一直 / 一向是个听话的孩子。

（2）她对待孩子一直 / 一向很严格。

但并不是任何情况下，二者都可以互换。例如：

（3）她一向认真仔细。→ *她一直认真仔细。

（4）我们一直在听他讲话。→ *我们一向在听他讲话。

下面我们主要从语义和句法两方面对"一直"和"一向"进行分析比较。

37.1　语义特征比较

"一向"和"一直"虽然都可以表示行为、状态的持续，但"一向"所表示的只能是长时行为、状态的持续，而"一直"所表示的既可以是长时行为、状态的持续，也可以是短时行为、状态的持续。例如：

（5）这么多年来，他一向不喜欢撒谎。

（6）这么多年来，他一直不喜欢和人交往。

（7）我去他家的一个小时里，他一直在楼上写作业。

例（5）和例（6）中的"不喜欢"是对人或事物的特定心理活动，是人们在较长时间段里形成的心理状态，具有稳定性，句中的时间信息"这么多年来"也标明这是一种长时间的状态。例（7）中的"一直"不能被"一向"替换，因为句中的时间是"一个小时"，是一个相对短时时间段。

"一向"所修饰的长时行为、状态具有较强的稳定性，在日常生活中，这些具有稳定性的长时行为、状态往往是人们的习性、风俗习惯、性格、喜好等等，而"一直"没有此种用法。例如：

（8）受家庭和父母的影响，他一向勇于表达自己的观点。

（9）他一向内敛沉着。

（10）中国人过春节一向都要热热闹闹的，到处都是鞭炮的轰鸣声。

例（8）中，"一向"所修饰的动作行为是一个人长时间形成的行为习惯；例（9）中，"内敛沉着"是一个人的性格特点；例（10）是说"中国人喜欢热热闹闹的，到处是鞭炮的轰鸣声"这一情况每当过春节的时候都会出现，"一向"表示某些行为、情况有规律地发生，不能替换成"一直"。

当句中有与时相关的成分时，"一向"只用于过去时，而"一直"适用于所有时态。例如：

（11）我过去一向尊重你，钦佩你，今后也是如此。

（12）人们过去一直以为地球是扁平的。

（13）终于下雪了，如果这雪一直下到明天该多好啊。

例（11）和例（12）中的"过去"指明了"一向""一直"所指动作行为的时间范围，即说话时间之前的很长一段时间；例（13）中，"一直"所修饰的动作行为"下雪"发生的时间是从现在到明天，是延续到将来的时间段，"一直"不能替换为"一向"。

37.2　句法特征比较

"一向"和"一直"语义上的差异也影响着它们在句法上与其他语法成分的组合，我们将从谓词选择、与时间词共现、与助词共现、与语气副词共现等方面考察它们的句法特征。

邓小宁（2002）分别考察了瞬间动词、动作性动词、变化动词和形容词与"一向"和"一直"的搭配选择情况。瞬间动词表示动作行为从发生到结束的时间极为短暂，在语义上与"一向"和"一直"冲突，一般不能跟"一直"和"一向"结合，如"毕业、结束、发现"等。但瞬间动词所表动作可多次重复时，其能够受"一直"修饰，如"一直眨眼 / *一向眨眼"。动作性动词具有动态性，与"一向"语义冲突，但当这些动词后面带上某些补语或前面有状语，动态性减弱或消失时，这些动词就可以跟"一向"组合，如"他一向来得很晚 / *他一向来""他一向在早上练声 / *他一向练声"；要与"一直"搭配，动作性动词必须要具有可持续性，如"生活中他一直讲方言"。变化动词是表示变化的动词，典型的变化动词有"变化、减少、增加、提高"等，"一直"可以修饰变化动词，而"一向"不可以。另外，双音节性质形容词可以受"一向"修饰，不能受"一直"修饰，如"他一向节俭 / *他一直节俭"。

"一直"可以与确指短时时点词语或表行为起点终点的成分共现，但"一向"不可以，如"那天晚上，他一直在写作业""早上5点到7点，他一直在晨读"。"一向"很少与时段词共现，但表示行为在所指时段内发生的频度时，可以使用"一向"，例如"我一向两天洗一次头"。"一直"常与时段词共现，但时段词不表绝对短时量，且具有相对性，例如"他一直盯着看了十分钟"。

"一直"所修饰的动词后可出现表行为进行的"着"，而"一向"所修饰的动词后不可以，如"他一直在雪地里站着 / *他一向在雪地里站着"；"一直"可与表动作完成的"了"共现，通常动词后带有时段词语，而"一向"不可以，如"他在雪地里一直站了两个小时 / *他在雪地里一向站了两个小时"；"一直"还可以与"VP＋过"的否定式共现，而"一向"没有这种用法，如"我等了很久了，他一直没有给我打电话。/ *我等了很久了，他一向没有给我打电话。"。

此外，"一直"可以跟准时态助词"下来、下去"共现，而"一向"不可以。例如：

（14）他说要在这里一直等下去。→ *他说要在这里一向等下去。

（15）这么多年他一直坚持下来，实属不易。→ *这么多年他一向坚持下来，实属不易。

"一直"和"一向"在与"居然、偏偏、果然、幸亏、刚巧"等表意外、侥幸等情态的副词的共现上，差别也很大，"一直"可以与这类语气副词连用，而"一向"不可以。例如：

（16）他居然一直等着没走。→ *他居然一向等着没走。

总的来说，"一向"和"一直"在语义特征上的差异导致了它们在与其他句法成分组合时的差异。"一向"句中的行为、状态持续时间长，稳定性强，动态性差；而"一直"句中的动作行为除了可以像"一向"句中那样之外，还可以在特定时间范围内不断发生，呈现出一定的动态性。

38. "他总是迟到"与"他老是迟到"有什么不同？

《现代汉语八百词》（增订本）中认为："总"表示"持续不变，一向，一直"，很多情况下可换为"总是"；"老是"表示"一直、再三"。可见，"总是"和"老是"在语义上有交叉。《现代汉语虚词词典》（张斌主编）中认为"总是"有两种用法。一是"表示动作、行为、性质、状态从过去到现在一直如此，很少有例外。有强调的意味"。二是"表示事情和情况必然会如此，相当于'终归'，常用于条件句中。有强调的意味"。"老是"表示"动作、行为、性质、状态一直如此，很少例外。有强调的意思，往往带有不满的感情色彩"。

　　上述对于"总是"和"老是"的解释都认为它们与"持续不变"相关，周小兵（1999）则将"总是"归为高频副词，也就是说重点强调单位时间内的重复率，表示动作、行为、事件、状态等在一定时间内重复发生或出现，没有例外。从这个角度看，"老是"也是高频副词，强调动作、行为、事件、状态等在一定时间内重复发生或出现，较少有例外。"持续不变"在时间概念上是一种恒常态，表示动作、行为、事件等始终保持同一种状态，中间没有间隔。"高频"则是强调在单位时间内的出现频率高，此时有两种情况：一种是相同动作、行为、事件等的前后发生不存在时间间隔；一种是相同动作、行为、事件等的前后发生存在一定时间间隔。第一种情况其实表述的就是"持续不变"。

38.1　语义比较

　　"总是"和"老是"虽然都是高频副词，都具有表示动作、行为、事件、状态等在单位时间内重复率高的语义，但是仍有细微差别。刘守军、王恩建（2019）将"每"看作无例外的标记成分，并对"总是"和"老是"在 CCL 语料库中与"每"的共现情况进行了考察，发现"总是"与"每"的共现率远远高于"老是"与"每"的共现率，这就证明"总是"在表意上是"基本无例外"或者可以说是"无例外"，而"老是"是"有例外"或者说具有经常义。"老是"大多数情况下可以被"经常"替换，而"总是"被"经常"替换后，表意上会有差异。例如：

　　（1）儿童的思维总是由形象思维发展到抽象思维。

　　（2）我老是犯那个毛病。

　　例（1）中的"总是"表示"没有例外"之义，也就是说儿童思维的发展都是从形象思维到抽象思维，这种思维发展模式没有例外，这里的"总是"不能替换成"经常"，否则会影响正常语义表达。例（2）中的"老是"表示"犯那个毛病"的频率非常高，可以替换成"经常"，此处也可以替换成"总是"，但表意有一定差别。"我总是犯那个毛病"是陈述事实的平淡语气，"我老是犯那个毛病"则表示出一种对自我的不满。也就是说，"老是"较之"总是"含有不如意情绪的表达。

如上所述，"总是"和"老是"在某些表达中可互相替换，但是二者在表意上有所差异。"老是"更多地出现在具有消极意味的表达中，而很少与具有积极意义的成分搭配，"总是"则没有这方面的限制。例如：

（3）他全然不顾，总是竭尽全力、千方百计地把生产的损失降到最低。

（4）*他全然不顾，老是竭尽全力、千方百计地把生产的损失降到最低。

这两例中的"竭尽全力、千方百计地把生产的损失降到最低"是一种积极意义的表达，因此应与"总是"搭配，表示这种事件在一定时间内重复发生，而不能与"老是"搭配。

由此，对"总是"和"老是"的语义区别，我们可以分析如下：第一，当表示动作、行为、事件、状态等在单位时间内重复发生且没有例外时，应使用"总是"而不用"老是"，如表示事物的客观规律"太阳总是东升西落"中只能用"总是"；第二，"总是"可以与具有积极、消极、中性意义的成分搭配，而"老是"倾向于与具有消极、中性意义的成分搭配，后者所处的语境多数具有贬损的消极意味，如例（2）。

38.2 句法比较

"总是"和"老是"都是表示频度义和重复义的副词，在句子中多做状语，对于 VP 的选择有一定的限制。从语义特征上看，VP 应该具备可重复发生的特征。例如：

（5）她总是 / 老是笑个不停。

（6）*这只小青蛙总是 / 老是死。

例（5）中的"笑"是可重复发生的动作行为，与"总是"或"老是"搭配表示"笑"在一定时间范围内重复出现的频率高。例（6）中的"死"对于"这只小青蛙"而言，是不可重复发生的动作和事件，因此"死"不能与"总是"和"老是"搭配。但并不是所有情况下的"死"都不能与"总是"和"老是"搭配，当具体语境中的"死"具有重复性时，其可以与"总是"或"老是"搭配。例如：

（7）我养的这些小青蛙总是 / 老是死。

例（7）中的"死"可以与"总是"或"老是"搭配，这里的"死"所关涉的对象不像例（6）中那样是某一特定的个体，而是特定的群体，因此"死"就是群体内每个个体都要面对的事件。虽然"死"对于群体中的个体而言不可重复，但是对于群体来说，群体内部各个个体的"死"可以看作是重复的。

另外，"总是"所修饰的既可以是积极义的 VP，也可以是消极义的 VP；"老是"则大多修饰消极义的 VP。例如：

（8）她总是很热心地解答游客们的疑问。

（9）*她老是很热心地解答游客们的疑问。

（10）她总是爱搭不理的。

（11）她老是爱搭不理的。

"很热心地解答游客们的疑问"是一种积极义的表达，"总是"可以与之搭配，而"老是"不可以。"爱搭不理"是一种消极义的表达，"总是"和"老是"都可以在其前对其进行修饰。

在与时间限定词的搭配上，当时间限定词为"每次、每天、每年"等时，后面只能出现"总是"而不能出现"老是"，这是由"总是"表示"没有例外"这一语义决定的。例如：

（12）我每次回家，妈妈总是给我做最喜欢吃的饭菜。

（13）*我每次回家，妈妈老是给我做最喜欢吃的饭菜。

38.3　语用比较

在主观性评价上，"总是"倾向于客观性陈述，"老是"倾向于主观性表达，而且是消极、负面的表达。例如：

（14）棋盘总是八八六十四格。

（15）你怎么老是这么狠心啊？

例（14）中的"总是"是对"棋盘存在八八六十四格"这一规律的评价，表示没有例外，是对客观性事件的陈述。例（15）中的"老是"是对"你怎么这么狠心"的评价，也是对这种消极状态出现频率的说明，具有强烈的不满情绪，主观性强。

此外，"老是"经常出现在口语表达中，在书面语中使用较少；"总是"不仅可以在口语表达中使用，也可以在书面语中使用，它的使用范围较广。

39. "他在吃饭""他正吃饭""他正在吃饭"
有什么不同？

《现代汉语八百词》（增订本）中认为："在"可以做副词，表示"正在"；"正"做时间副词时，可以表示"动作在进行中或状态在持续中"，也可以表示"巧合，恰好，刚好"；"正在"表示"动作在进行中或状态在持续中"。"在、正、正在"表示动作进行或状态持续的意思基本相同，但"正"着重指时间，"在"着重指状态，"正在"既指时间又指状态，也就是说，"正在"是"正"和"在"的结合体。在句法上，"正"后不能用动词的光杆形式，而"在、正在"不受此限制；"在"后不能用介词"从"，而"正、正在"不受此限制；"在"可以表示反复进行或长期持续，并可以与具有反复进行或长期持续的语义的语言成分搭配，而"正、正在"不行。

《现代汉语虚词词典》（张斌主编）中认为，"在"表示动作、行为在进行中，或动作、行为或性质状态在持续中，后面可以有"着、呢"等，前面可以有"又、还、一直、一向"等。"正"可以做时间副词，此时可以表示时机恰好、刚巧，其后的动词不带"着"，但不能是光杆形式，必须带有宾语或别的附着成分；还可以表示动作或状态在持续中，其后接单音节动词或形容词时，这些动词或形容词必须带"着"，接双音节动词或形容词时，这些词也经常带"着"，句末多有助词"呢"；"正"可以出现在复句中前一小句的谓语动词前，此时谓语动词后需要带"着"，表示动作进行时，恰好有另一情况出现。"正在"用在动词或形容词前边，表示动作在进行中或状态在持续中。

从上述的论证可以看出，"在、正、正在"都可以表示动作、行为的进行，或动作、行为或状态的进行或持续，但三者的语义侧重点有所不同，我们接下来将从语义、句法、语用三方面考察它们的异同。

39.1　语义特征比较

"在、正、正在"本身都具有时间义，因此可以将它们归入时间副词，但是三者的语义特征有所不同。郭风岚（1998）认为，时间副词"在"和"正"在对动作行为进行或持续的时间的修饰上很不相同，"在"重在表现时间的量度，"正"重在强调时间的位置，与之相对应的是延续性和非延续性的差别。

"在"在语义上侧重表明动作行为进行或动作行为、状态持续的时间的长短、量度，也就是说动作行为的时间是处在一个时间量度上的，可以是有终点和起点的一段时间，也可以是有起点而无明确终点的一段时间，还可以是无明确起点而有终点的一段时间。总之，"在"凸显时量特征，具有延续性。例如：

（1）十几年来，他一直在照顾小区里的这位孤寡老人。

（2）她这几天好像在忙着复习考试。

（3）直到今天，她仍在等待一个确切的消息。

（4）我们还在讨论尚未解决的问题。

例（1）中，"在"的时间量度由前面的"十几年来"明确，"照顾小区里的这位孤寡老人"是在这一段时间内持续发生的事情。例（2）中，"在"所延续的时间由句中的"这几天"明确，"这几天"与例（1）中的"十几年来"一样，也是一个相对封闭的时间段，只不过相对于"十几年来"而言，"这几天"是一个较短的时间段。例（3）中的"在"所表述的是从过去持续到现在的行为状态，例（4）中的"在"所表述的是从现在一直持续下去的动作行为，这两例中时间的起点或终点没有通过具体的时间词表现出来，但动作行为、状态都处在一个时间量度上。

"正"在语义上侧重表达动作行为进行或持续的时间的早晚、位置，郭风岚（1998）将这种功能称之为"时位"，这种"时位"的确定需要以"正"前边或后边的语句中主体的动作行为的时间视点为参照。因此，"正"所表示的动作行为进行或持续的时间位置是确定的。例如：

（5）平时这个时间，他正吃饭呢。

（6）我们正吃着，突然冲进来一群球迷。

（7）刚才开门的时候，我正听见他哭泣的声音。

"正"的语义特征是强调动作行为进行或持续的时间不早不晚，恰好居于某一时间位置。例（5）中，"正"表示"吃饭"这一动作行为的时间点刚好是"平时这个时间"；例（6）中，"正"表示"吃"的时间恰巧是"冲进来一群球迷"的时间；例（7）中，"正"表示"我听见他哭泣的声音"是在"刚才开门的时候"。由此可见，"正"所修饰的动作行为进行或持续的时间位置是以其他的时间为参照的，其自身的时间定位性不够明确。

"正在"是介于"正"和"在"之间的副词，可以看作"正"和"在"语义功能的结合，既可以表示动作行为进行或持续的时量，也可以表示动作行为进行或持续的时位。例如：

（8）这段时间，他们正在准备婚礼。

39.2　句法条件比较

"在"的语义特点要求与其搭配的动词或动词性成分具有［＋行为］［＋延续］的语义特征。另外，"在"可以与具有反复义、持续义的时间副词共现，如"一直、老（是）、总（是）、又、仍（然）、永远、还"等，"在"通常位于这些副词之后。例如：

（9）她走在路上，发现有一只小狗总是在盯着她看。

（10）人们叫他冷面杀手，他永远在笑。

此外，"在"可出现在排比句、对比句及递进复句、转折复句中。例如：

（11）小张在唱歌，小王在跳舞，小李在做游戏。

（12）妻子在干活，丈夫却在睡觉。

（13）你不仅是在给他送东西，更是在给他活下去的勇气。

（14）你现在的做法不是在帮助他，而是在取笑他。

"正"所修饰的动作行为进行或持续的时间由其他时间参照点决定，因此"正"所在语句通常需要有其他小句伴随或在其句尾加语气助词"呢"才能成句，而"在"所在语句可以独立成句。例如：

（15）我正要出门，他就来了。

（16）我正看电视呢。

（17）*我正看电视。

"正"后面的动词不能是光杆形式，而"在、正在"不受此限制。另外，"正"的前面很少出现副词。例如：

（18）*我正听。

"正在"所在语句可以独立成句，其前也很少出现时间副词。例如：

（19）他这会儿正在房间打游戏。

（20）你先别过去，他正在生闷气呢。

39.3   语用表达比较

郭风岚（1998）发现"在"语句与"正"语句的表述焦点不一样。"在"语句的表述焦点一般不是"在"而是"在"前后的词语，因此，重音位置通常落在"在"前后的词语上。而"正"语句的表述焦点往往是"正"所表达的时位义，因此，重音位置通常落在"正"上面。例如：

（21）妈妈一直在对着我笑。

（22）我看到妈妈的时候，她正对着我笑。

（23）我看到妈妈的时候，她正在对着我笑。

例（21）中，"一直"是表达重音，表示"妈妈对着我笑"的持续状态；例（22）中，"正"是表达重音，强调"妈妈对着我笑"的时间定位是"我看到妈妈的时候"；例（23）中，"正在"是表达重音，既强调"妈妈对着我笑"的时间定位是"我看到妈妈的时候"，又强调"妈妈对着我笑"处于一种持续状态。

40. "他已经去过上海了"与"他曾经去过上海"有什么不同？

《现代汉语八百词》（增订本）和《现代汉语词典》（第7版）中都收录了

"已经"和"曾经",且对这两个时间副词的解释一致。《现代汉语八百词》(增订本)中认为"曾经"表示"从前有过某种行为或情况","已经"表示"动作、变化完成或达到某种程度"。二者的区别表现在三个方面:一是"曾经"表示某种行为或情况所发生或出现的时间一般不是最近,"已经"表示事情完成,时间一般在不久以前;二是"曾经"所表示的动作或情况现在已结束,"已经"所表示的动作或情况可能还在继续;三是"曾经"后的动词以带"过"为主,也可带"了","已经"后的动词以带"了"为主,少带"过"。

马真(2003)对"已经"和"曾经"的语法意义进行了讨论,她注意到,没有"已经"时,句子也可以表示"动作、变化完成",如"他们已经来了"中不用"已经",单说"他们来了"也能够表示完成。在"达到某种程度"这一方面,"已经"多出现在形容词前,例如"苹果已经红了",其强调的是颜色的变化,似乎与程度表达关系不大。由此可以看出,"已经"的实际作用不是表示"完成",而是强调句子所说的事情、情况在某个特定参照时间之前就成为了事实,这个参照时间可以是说话时间,也可以是某个行为动作发生的时间,还可以是某个特定的时间。"曾经"是定时间副词,强调句中所说的事情或情况是说话时间之前的一种经历。

简而言之,在时间意义的表达上,"已经"既可以表示说话时间之前或说话之前某特定时间之前的事情、情况,也可以表示说话时间之后的事情、情况,而"曾经"只能表示说话之前的事情、情况。下面我们主要从句法层面比较二者的异同。

40.1 与动态助词共现比较

杨荣祥、李少华(2014)提出,所谓的"共现"是指"已经、曾经"分别和动态助词在同一个谓词性句法结构中出现。"已经"可以与"了$_1$、了$_2$"共现;"曾经"不能与"了$_2$"共现,只能与"了$_1$"共现。例如:

(1)他已经到了北京。

(2)他已经当两个月班长了。

(3)他们已经做了三天志愿者了。

（4）飞机已经降落了。

（5）他曾经做了很多诋毁我们的事情。

例（1）～（4）体现的是"已经"与"了"的共现情况。例（1）中，"已经到了北京"的句法结构是"已经+V+了+N"，这里的"了"是"了$_1$"，表示动作完成；例（2）中，"已经当两个月班长了"的句法结构是"已经+VP+N+了"，这里的"了"是"了$_2$"，表示时态的新变化；例（3）中，"已经做了三天志愿者了"的句法结构是"已经+V+了+C+N+了"，这里"了$_1$"和"了$_2$"同时出现在一个谓语结构中；例（4）中，句末的"了"则既可以是"了$_1$"，也可以是"了$_{1+2}$"。例（5）中，"曾经"只能与"了$_1$"共现，而不能与"了$_2$"共现。

"已经"和"曾经"都可以与"过"共现，但是"已经"与"过"共现时句末必须要有"了"，而"曾经"与"过"共现时句末不能出现"了"。例如：

（6）我们已经劝过他好多次不要去爬山了，可是他就是不听。

（7）我们曾经一起去爬过好多次山。

例（6）中，句末的"了"是"了$_2$"，在"已经"与"过"共现时，"了$_2$"必不可少；例（7）中，"曾经"与"过"共现，句末不能出现"了$_2$"。

"已经"和"曾经"与"着"共现的情况比较少见，杨荣祥（2019）检索语料库发现"已经"与"着"共现的只有73例，"曾经"与"着"共现的更少，只有14例。虽然二者与"着"共现的情况都不多，但是共现时的差别很明显。"已经"与"着"共现时，能够出现在以下格式中：已经+在/正/正在+V着、已经+V/A着+NP、处所+已经+V着+NP、已经+V$_1$+着+V$_2$。"曾经"与"着"共现时，能够出现在以下格式中：曾经+V/A着+N、曾经+V$_1$+着+V$_2$。例如：

（8）他已经在准备着再次出发了。

（9）当他踏入村庄时，四周已经笼罩着茫茫夜色。

（10）丛林深处已经住着数千只小鸟了。

（11）他已经端着电话说起话来了。

（12）这个游戏曾经长久地迷恋着我。

（13）那段路他曾经饿着肚子走了整整一个下午。

例（8）～（11）是"已经"与"着"共现的例子，分别对应着"已经＋在／正／正在＋V着""已经＋V/A着＋NP""处所＋已经＋V着＋NP""已经＋V_1＋着＋V_2"四种格式。例（12）中，"曾经"与"着"共现时，动词"迷恋"前有状语"长久"对其进行修饰，主要强调所述事情发生在过去，"已经"在这个格式中的使用限制则较少。例（13）中的"曾经"处于"曾经＋V_1＋着＋V_2"这一格式中。

40.2　与否定副词共现比较

杨荣祥（2019）在语料库中没有发现"曾经"和否定副词共现的语料，但根据语感，"曾经"是可以与否定副词共现的。例如：

（14）他曾经很长一段时间不跟我打交道。

（15）他曾经很长一段时间没有跟父母通信联系。

也就是说，"曾经"可以与否定副词"不"和"没（有）"共现，但句中需要有时间词语对句中谓语动词进行限定，如例（14）和例（15）中的"很长一段时间"。另外，有否定副词出现的"曾经"句往往是用于和现在的情况进行对比。"已经"和否定副词"不、没（有）"也可以共现，且不受上述限制。例如：

（16）学校里已经不上课了。

（17）不想再说下去，因为她已经没再想过这些事。

40.3　与其他成分共现比较

杨荣祥（2019）发现，"已经"可以修饰"在VP"，而"曾经"不可以。例如：

（18）你不要再催促他了，他已经在写作业了。

此外，"已经"和"曾经"修饰形容词时受限也很多，它们都不能直接修饰光杆形容词，修饰形容词时通常有以下两个条件：一是形容词前必须要有程度副词，否则不成句；二是"已经＋形容词"后面一般需要带"了"，"曾经＋形容词"后面往往需要带"过"，否则无法成句。例如：

（19）他沉下声重复一遍，口气已经非常不耐烦。

（20）事情发生后，他的心情已经非常不愉快了。

（21）他曾经非常勇敢。

（22）我们都曾经年轻过。

41. "他常常一个人去逛街"与"他往往一个人去逛街"有什么不同？

《现代汉语词典》（第7版）中对"常常"的解释为"表示事情的发生不止一次，而且时间间隔不久"，对"往往"的解释为"表示根据以往的经验，某种情况在一定条件下时常存在或经常发生"。可以看到，"常常"和"往往"都与事情发生的频率相关，而且在很多情况下可以互相替换，表意差异不大，如"他常常一个人去逛街"和"他往往一个人去逛街"都表示"他一个人去逛街"这种情况出现的频率较高。

但是也存在"常常"和"往往"不能互换的情况。例如：

（1）我们一定常常来看您。

（2）往往经常挂嘴边说要改变的，都改变不了。

这两例中的"常常"和"往往"不能互换。由此看来，"常常"和"往往"在一些情况下语义重合，可以互相替换；但也存在一些二者不能互换的情况，此时无论是在语义上，还是在句法上，二者都存在差异。

41.1 二者相同之处

"常常"和"往往"都是具有经常义的频率副词，语义上有很多重合之处，因此二者在很多场合中可以互换，句子意义不变。例如：

（3）在这项传统悠久的艺术上，外国人常常"望马兴叹"。

（4）美丽的谎言往往比暴力更伤人。

这两例中，"常常"和"往往"可以互换，不影响语义表达。从语法分布上看，"常常"和"往往"通常位于动词或动词性短语前，充当状语。有时候，"常常"和"往往"后面可以紧随表示时间地点等的词语，对这些词语进行修饰和限制，起到强调的作用。例如：

（5）我们常常／往往周末去菜市场买菜。

"常常"和"往往"位于表示时间的"周末"之前，强调"去菜市场买菜"的时间是在"周末"。这两个时间副词还可以在表示时间的"周末"之后、"去菜市场买菜"之前：

（6）我们周末常常／往往去菜市场买菜。

这时"常常""往往"所强调的对象就不再像例（5）那样是时间，而是买菜的地点——菜市场。一般情况下，"常常""往往"不能继续往后移动到"去菜市场"之后、"买菜"之前。

此外，"常常"和"往往"还可以用于句首，位于主谓结构之前。此时，前后分句的主语不同。例如：

（7）常常小明没有听到小王开门，小张却总能听到。

（8）往往一部电视剧还没有播放，舆论界就开始制造一种假象。

"常常"和"往往"除了可以修饰动词或动词性短语，还可以修饰形容词性成分。例如：

（9）我这个人也常常忧郁。

（10）注意力不集中的孩子，做起作业来也往往粗心草率。

41.2　二者不同之处

"常常"和"往往"虽然都是频率副词，含有"经常"之义，但是很多情况下不能互换，如例（1）和例（2）。这意味着二者在语义上并不完全一致，由此，它们在句法上也会有不同的表现。

在语义上，"常常"只是单纯地强调动作行为重复的次数多；而"往往"表示根据已有经验判断动作行为一般会是什么情况或可能会是什么情况，因此具有规律性和推论性。例如：

（11）我们常常告诫他要爱惜自己的身体，不要过度劳累。

（12）天才这种人，往往跟欠缺常识与情理的人有许多共通点。

例（11）中的"常常"指的是"告诫"所代表的具体动作行为重复发生的频次很高，并没有根据经验进行推论，也没有规律性，因此不能将"常常"替换成"往往"。例（12）是对"天才这种人"的特点的论断，是根据已有的经验和逻辑进行的推论，呈现出一定的规律性。

"往往"只适用于陈述过去经常发生的情况，或根据已有经验进行判断、推论，而不能用于述说将来的情况。"常常"则不受这方面的限制，既可以陈述过去的事情，也可以说明将来或假设的事情。此外，"往往"侧重于客观陈述，不能够表达主观意愿；而"常常"可以表达主观意愿，经常与能愿动词组合。例如：

（13）希望你们以后常常来我家做客。

例（13）中的"常常"不能被"往往"替换，因为句中有"希望"这一表意愿的动词出现，是对将来情况的期许，具有较强的主观性。

整体看来，无论是时间上，还是主客观性上，"常常"都要比"往往"的适用范围广，"往往"受到的限制较多，在句中更多依赖于某些词语表达出一定的条件义。例如：

（14）每年暑假我们常常/往往去青岛。

（15）我们常常去青岛。

例（14）中有"每年暑假"这样的时间条件使得"去青岛"成为这段时间里带有规律性的行为事件，"常常"是说动作行为发生的频次，"往往"则体现动作行为的规律性。因此，这个例子中的"常常"和"往往"可以互相替换。例（15）中没有体现动作行为发生的规律性的成分，因此这里的"常常"不能替换成"往往"。

除了语义上存在差别，"常常"和"往往"在句法上也存在差异，主要体现在与否定副词连用时的前后位置及句类选择上。

"常常"和"往往"都可以与否定副词连用，但是在否定句中，"常常"既可以有"常常不"这一否定形式，也可以有"不常常"这一否定形式。其中，"常常不"侧重于否定"不"后的动作行为，而"不常常"侧重于否定"常常"这一时间频率。"往往"在否定句中只有"往往不"这一种否定形式，没有"不往往"这种表达。

寿永明（2002）发现，由于语义上的差异，"常常"能够表达主观意愿，而"往往"不可以，因此它们在句类选择上也表现出不同。"常常"能用于祈使句，"往往"则不能用于祈使句。例如：

（16）你要记得常常给我打电话。

（17）*你要记得往往给我打电话。

42. "他常常六点钟起床"与"他通常六点钟起床"有什么不同？①

《现代汉语八百词》（增订本）中认为："常常"是副词，"表示行为、动作发生的次数多"；"通常"为形容词，表示"一般，平常"，可以修饰名词，也可以位于动词短语和小句之前。《现代汉语虚词词典》（张斌主编）中认为："常常"是副词，"表示事情屡次发生，而且时间相隔短"；"通常"也是副词，"表示在一般情况之下"或"表示人们的一般认识"。《现代汉语词典》（第 7 版）中也认为"常常"是副词，"表示事情的发生不止一次，而且时间间隔不久"。"通常"则有两种词性：一种是形容词，属于属性词，表示"一般，平常"；一种是副词，"表示在一般情况下，行为、事情有规律地发生"。

"常常"和"通常"都可以表示事情多次发生，与动作行为的频率相关，在很多情况下可以互换，如"他常常/通常六点钟起床"，但也存在二者不能互换的情况。例如：

（1）*他常常一年才回一次家。

（2）*最近一段时间他通常流泪。

"常常"和"通常"在语义上虽然有相似之处，但是侧重点不同，"常常"强

---

① 本篇研究基于周小兵（1994）关于"常常"和"通常"的研究展开。

调事情发生的频率高、间隔时间短，而"通常"是强调一般情况下，事情有规律地发生。除了语义上存在差异，二者在句法表现上也有所不同。

42.1 与谓词搭配

"常常"和"通常"作为时间副词，可以在谓词前面从时间的角度对谓词所表示的动作、行为、事件、状态等起到修饰和限定作用。"常常"可以跟光杆形式的谓语动词结合，而"通常"一般不可以。例如：

（3）a. 我们常常讨论。

　　　b. *我们通常讨论。

"常常"可以直接与谓语动词"讨论"连用，而"通常"不可以。如果在"讨论"后面增加相应的补充成分，如"讨论得很激烈""讨论一下午"等，则"通常"可以出现在这些经过了补充的谓语前面。

"常常"可以跟动宾式离合词或动宾词组结合，而"通常"一般不可以。例如：

（4）a. 他常常洗澡。

　　　b. *他通常洗澡。

（5）a. 他常常跳舞。

　　　b. *他通常跳舞。

例（4）和例（5）中的"通常"不能直接修饰、限定"洗澡"和"跳舞"，如果在这两个词的后面增添补充成分，或者在这两个词的内部增加一些成分，"通常"就可以与它们搭配。例如：

（6）a. 他常常洗澡用很多水。

　　　b. 他通常洗澡用很多水。

（7）a. 他常常跳两个小时舞。

　　　b. 他通常跳两个小时舞。

周小兵（1994）注意到，例（6）和例（7）中，用"常常"的 a 句只是一般性地叙述事实，用"通常"的 b 句则蕴含着某种对比。以例（7b）为例，"他通常跳两个小时舞"是"他"具有规律性的一般情况，该句意味着某些特殊条件下，"跳两个小时舞"这种情况会有所改变。例如：

（8）他通常跳两个小时舞，但是今天只跳了一个小时。

"通常"虽然修饰的是整个动宾结构"跳两个小时舞"，但此时它的语义焦点落在"两个小时"上面，这也往往是前后对比的语义焦点，如例（8）中，前后对比的是时间"两个小时"和"一个小时"。

"常常"与"通常"比较而言，"通常"对于谓词的限制较多。当主要谓词前面有表示方式、地点等的词语时，使用"常常"或"通常"都可以；但去掉谓词前的这些词语时，只可以使用"常常"，不可以使用"通常"。例如：

（9）a. 他常常坐出租车去上班。

　　　b. 他通常坐出租车去上班。

（10）a. 他常常去上班。

　　　b. *他通常去上班。

（11）a. 他常常在学校食堂吃早餐。

　　　b. 他通常在学校食堂吃早餐。

（12）a. 他常常吃早餐。

　　　b. *他通常吃早餐。

42.2　与时间词搭配

时间词可以分为时点时间词和时段时间词，简单说来，时点是时轴上的一点，时段则是时轴上的一段。"常常"和"通常"都可以放在时点时间词前面，"常常"表示事情发生的频率，"通常"表示事情在一般情况下的状况。例如：

（13）a. 他常常早上8点钟去上班。

　　　b. 他通常早上8点钟去上班。

这两例中，"常常"表示"他早上8点钟去上班"这件事情发生的频率很高；而"通常"是基于对"他"生活规律的判断，"早上8点钟""他"做的事情就是"去上班"。

"通常"一般不可以用于表述过去的事情，而"常常"可以。例如：

（14）a. 他去年常常早上 10 点钟去上班。

　　　b. *他去年通常早上 10 点钟去上班。

此外，"常常"和"通常"都可以放在时段时间词前面。当时间词所表示的客观时段较长时，"常常"的使用会受到限制。例如：

（15）a. 他常常一天吃三次药。

　　　b. 他通常一天吃三次药。

（16）a. 他常常两天上一次班。

　　　b. 他通常两天上一次班。

（17）a. *他常常两年回一次家。

　　　b. 他通常两年回一次家。

例（15）和例（16）中，"常常"和"通常"都位于时段时间词前面，但是意思有所不同。例（15）侧重表示在所指时间范围内，动作行为发生的次数，即在一天时间内，吃药的次数为三次；例（16）侧重表示每隔所指的时间，动作行为就发生一次，即每隔两天，"他去上班"就发生一次。

在例（15）这样的表达中，"通常"可以移到时段时间词的后面，而"常常"不可以。在例（16）这样的表达中，"常常"和"通常"都不可以移动到时段时间词的后面。例如：

（18）a. *他一天常常吃三次药。

　　　b. 他一天通常吃三次药。

（19）a. *他两天常常上一次班。

　　　b. *他两天通常上一次班。

42.3　与副词搭配

"常常"和"通常"可以与否定副词"不"或"没"共现，都可以在"不"或"没"前面出现。"常常"还可以出现在"不"或"没"的后面，但"通常"一般不出现在"不"或"没"的后面。"通常"表示动作行为有规律地发生，因此，当句子不表示规律性动作行为的发生时，"通常"也不能与否定副词连用。例如：

（20）a. 他常常不在家吃早餐。

　　　b. 他通常不在家吃早餐。

（21）a. 他常常好几天不回家。

　　　b. *他通常好几天不回家。

（22）a. 因为工作忙，他不常常回家吃晚饭。

　　　b. *因为工作忙，他不通常回家吃晚饭。

（23）a. 他常常没有星期天。

　　　b. 他通常没有星期天。

（24）a. 他没有常常在这家餐厅吃饭。

　　　b. *他没有通常在这家餐厅吃饭。

　　"常常不/没"和"不/没常常"的意思不同，"常常不/没"表示动作行为的否定状态出现的频次较高，例如"常常不/没睡觉"，是指"不/没睡觉"这一动作行为发生的频次高，"不/没"否定动作行为。"不/没常常"是对经常发生的动作行为在频率上的否定，例如"不/没常常睡觉"，是指"不是或没有常常睡觉"，可能只是偶尔睡觉，"不/没"否定频次。

　　此外，"通常"可以与表示总括的范围副词"都"连用，此时，"通常"用在"都"前面，"常常"则没有此用法。例如：

（25）a. *他常常都在学校食堂吃早餐。

　　　b. 他通常都在学校食堂吃早餐。

　　周小兵（1994）认为，"通常"的语义特征是［＋通指］，从发生频率看，"通常"所修饰的行为的出现比例一般在80%以上，可以用"都"总括。而"常常"所修饰的行为没有相对准确的出现比例，不一定超过50%，因此不能用"都"进行总括。杨智渤（2013）则从认知语言学的角度对此进行了解释，他认为"通常"所使用的语境是主体意欲凸显动作行为或事件等的整体性，而"常常"所使用的语境是主体侧重凸显动作行为或事件等的个体性。表总括的范围副词"都"具有整体义，因为"通常"也具有整体义，所以二者可以共现；而凸显个体性的"常常"与表整体义的"都"语义不相容，所以二者不能共现。

43. "他立刻就来了"与"他马上就来了"有什么不同?

"立刻"和"马上"都是现代汉语中常用的表示时间接近的副词,它们的意义和功能存在很多相似之处,有时候二者可以互换且不影响句子整体语意表达。例如:

(1)他一听到消息立刻就来了。

(2)他一听到消息马上就来了。

《现代汉语词典》(第7版)也存在对二者进行互释的情况。《现代汉语词典》(第7版)中将"立刻"解释为"表示动作行为紧接着某个时候;马上","马上"则解释为"立刻"。虽然有些时候"立刻"和"马上"互换后并不影响句子整体语意表达,但这并不意味着二者表意完全一致,还存在二者不能互换的情况。例如:

(3)爷爷马上80岁了。

(4)*爷爷立刻80岁了。

(5)演出要开始了,马上!

(6)*演出要开始了,立刻!

通过例(3)~(6)可以看到,有些时候"立刻"并不能替换"马上",因为无论是在语义上还是句法上,"立刻"和"马上"都并不完全相同,还存在着差异。

43.1 句法语义差异

付江(2007)和唐依力(2011)都从历时角度对"立刻"和"马上"的来源进行了分析,发现二者都经历了语法化的过程。"立刻"一词在明朝时出现了时间名词和时间副词的并存现象,到清代已完全演变成时间副词。"马上"的本义是"马背上",是一个短语,从元代开始用作时间副词,明清以后直到晚清才被广泛使用。

从语义上看，"立刻"和"马上"都表示动作行为或事件在某一时间参照点（通常是说话时间）之后不久发生，因为动作或事件发生的时间与参照时间之间的间隔比较短，所以它们属于短时时间副词。这里的时间间隔可以看作一段时间量，"立刻"所表示的从参照时间到动作行为或事件发生时间之间的距离非常短，而"马上"所表示的从参照时间到动作行为或事件发生时间之间的距离相对模糊，这段距离可以比"立刻"所表示的长。二者的时间量表达如图43-1：

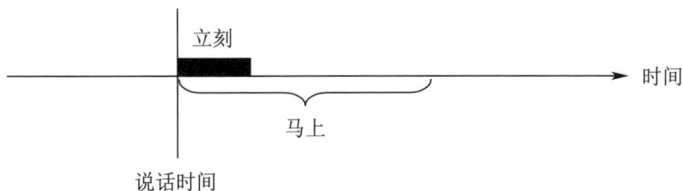

图 43-1　"立刻"和"马上"的时间量表达

通过图43-1可以看出，"马上"所表述的时间范围涵盖"立刻"所表述的时间范围，因此"马上"的时间范围要比"立刻"的广一些，"立刻"表示的时间量较小，而"马上"表示的时间量可以比"立刻"的大。这也就从语义上解释了为什么"爷爷马上80岁了"中的"马上"不可以被"立刻"替换，这里的参照时间为说话时间，"爷爷80岁"不是即刻就发生的事情，而"立刻"所表示的是从说话到事件发生时间间隔极短的情况，因此在这样的句子中不能用"立刻"替换"马上"。

付江（2007）在现代汉语语料库中对"立刻"和"马上"与"就、要"的搭配使用情况进行了调查，发现："立刻+就"与"马上+就"出现的比例约为1:3.4，这说明"立刻"所表示的时间量更小；"立刻+要"与"马上+要"出现的比例约为1:3.0，这意味着"马上"倾向于使用在表示未然发生的事件中。唐依力（2011）使用语料库研究的方法对与"立刻"和"马上"搭配使用的动词进行了考察，发现"立刻"倾向于选择具有［－可控］和［＋已然］这两种语义特征的谓词，"马上"倾向于选择具有［＋可控］和［＋未然］这两种语义特征的谓词。例如：

（7）他喝了一口臭水，立刻感到恶心。

（8）你马上又要出新书了，对吗？

例（7）中，"立刻"所修饰的动作行为"感到恶心"是在前一个动作行为"他喝了一口臭水"之后发生的，而且是紧随其后发生的，时间间隔非常短，"感到"这种感受可控性较弱。例（8）中，"马上"所修饰的动作行为"又要出新书"的参考时间是说话时间，所指的动作行为是未然事件，这一事件也不是即刻发生的，从说话到事件实际发生可能会持续一段时间，因此句子具有时间上的模糊性，也具有更强的表意主观性。此外，"出书"这一动作行为可控性强。

"马上"还可以与具有顺序义的名词性短语连用，此时顺序义名词性短语后需要接"了"，而"立刻"不可以。比如可以说"马上8点了""马上过年了"，但不能说"立刻8点了""立刻过年了"。"马上8点了"和"马上过年了"中，虽然"马上"都是位于表时间的顺序义名词性短语前，但是"8点"距离说话时间比较近，"马上8点了"重在客观叙述，"过年"距离说话时间略远一些，"马上过年了"的主观评价意味更重。

"马上"可以用在句末，而"立刻"不可以，如例（5）和例（6）。另外，"马上"可以用在独词句中，主要是在单独回答问题时，而"立刻"不可以。例如：

（9）问：你们准备什么时候去吃饭？

　　答：马上！

唐依力（2011）对比了《老舍文集》中的"立刻"句和"马上"句，发现"立刻"倾向于用于现实句，"马上"倾向于用于虚拟句。这里的现实句是指句子表述的情况是客观存在的事物、行为、性质、变化、关系、量等，通常多用陈述句表示。虚拟句是指句子表述的情况是不符合事实的、假设的、主观幻想的、不真实的事物、行为、性质等，通常会用条件句、虚拟句、假设句、意愿句、祈使句、疑问句等表示。

43.2　语用功能差异

"立刻"和"马上"都是表示短时的时间副词，在实际语言运用中，"立刻"的书面语体色彩较浓，其在口语中使用的频率相对较低，而"马上"的口语语体色彩较浓，其更多地使用在口语表达中。例如：

（10）你们立刻向王老师道歉，请求他的原谅。

（11）你们马上向王老师道歉，请求他的原谅。

使用"立刻"的句子书面语色彩浓厚，显得更加严肃和庄重。

"立刻"所表示的动作行为、事件发生的时间距离参照时间很近，而"马上"所表示的动作行为、事件发生的时间距离参照时间可以稍微远一些。因此，"立刻"在表意上更具有紧迫性，当需要凸显相应情形的紧迫感时，一般倾向于使用"立刻"。例如：

（12）他们抵达灾区后立刻投入到了当地的救援工作中。

44. "我一时不知道怎么回答"与"我暂时不知道怎么回答"有什么不同？

《现代汉语虚词词典》（张斌主编）中收录了"一时"但没有收录"暂时"，对"一时"的解释为"1.表示事情在很短时间内发生，相当于'暂时'或'一下子'。2.表示情况交替出现。连用几个'一时'，相当于'时而'"。

"一时"在《现代汉语词典》（第7版）中有4个义项，其中2个义项为名词义项，释义分别为"一个时期"和"短时间"；另外2个义项为副词义项，释义分别为"临时；偶然"和"重复使用，跟'时而'相同"。"暂时"在《现代汉语词典》（第7版）中只有1个义项，词性标注为形容词，表示"短时间的"。

由此可以看到，不同的词典工具书对于"一时"词性的认识还不够统一，在词典释义过程中也存在用"暂时"对"一时"进行释义的情况。"一时"和"暂时"在句中都可以做状语，都可以表示动作行为、事件在很短时间内发生，有时可以互换，有时不可以互换。例如：

（1）这个问题有点儿难，他暂时回答不出来。

（2）这个问题有点儿难，他一时回答不出来。

（3）公园从今天开始暂时闭园。

（4）*公园从今天开始一时闭园。

（5）有的人因为一时贪婪，被卷入了电信诈骗。

（6）*有的人因为暂时贪婪，被卷入了电信诈骗。

例（1）和例（2）中，"暂时"和"一时"都可以出现在"回答不出来"前面，但是语义上有细微差别。例（1）中的"暂时"表示当下的情况，含有将来会有变化之义，"他回答不出来"只是当下的一种情况，但是将来可能就回答出来了。例（2）中的"一时"重在表达"回答不出来"这种情况会持续一段时间，没有与将来情况的对比，也不含有将来会有变化之义。例（3）和例（4）中，"闭园"前面只能用"暂时"，不能用"一时"，因为"公园闭园"只是临时行为，后续在条件允许的情况下会重新开放。"暂时"含有在将来即将变化之义，"一时"没有此种用法，因此这里只能使用"暂时"。例（5）和例（6）中，"贪婪"前面只能使用"一时"，而不能使用"暂时"，这里强调的是"贪婪"在较短的一段时间内持续，不含有这种状态在将来会发生变化之义。

"暂时"重在表示情况会在将来发生变化，其所指的时间可长可短，主观性较强。例如：

（7）再给他几分钟想想，他暂时还没有思路。

（8）我暂时先去国外工作两三年再说吧。

这两例中都使用了"暂时"，例（7）中的"暂时"所指的时间是当下的"几分钟"，例（8）中的"暂时"所指的时间则是最近这"两三年"。因此，"暂时"本身并不表示具体的时长，在实际语言运用中，它既可以表示长时，也可以表示短时，为什么会出现这种情况呢？我们知道"暂时"重在强调情况会在将来发生变化，"暂时"也就跟将来形成了前后对比，它所表示的时间的长短主要是一种主观认定，是主观意念中时间上的短暂，具有较强的主观性。

"一时"和"暂时"除了在语义上存在细微差别外，在句法上也有很多不同之处。整体看来，"一时"做状语时所修饰的成分受限较多，远不如"暂时"可搭配的范围广。

"暂时"后面可以接强动作动词、动词重叠形式以及动词加时量补语，而"一时"不可以。例如：

（9）我们暂时停下手中的工作，一起来讨论一下假期安排吧。

（10）手头上不重要的事情可以暂时放一放。

（11）工厂暂时停业几天。

例（9）～（11）中，紧随"暂时"之后的"停""放""停业"都是强动作动词，其中"放一放"是动词"放"的重叠形式，"停业几天"是动词"停业"后加时量补语形式。此外，例（10）中的"暂时"前面还有能愿动词"可以"，也就是说，"暂时"前面可以出现能愿动词，"一时"则没有这种用法。"暂时"前面还可以出现表示心理活动的动词，"一时"也没有这种用法。例如：

（12）他们希望暂时庭外和解。

"暂时"可以用于祈使句，这时其通常可以与"不要、别"等词共现，"一时"则不能用于祈使句。例如：

（13）你们暂时在这里等候，我去去就来。

（14）请大家暂时不要说话，先听我讲两句。

金婷（2016）通过语料库检索发现：在 13951 条含"暂时"的句子中，"把"字句和"被"字句各有 200 多例；而 25482 条含"一时"的句子中，"把"字句仅有 2 例，"被"字句仅有 3 例。例如［例句转引自金婷（2016）］：

（15）治标就是把价格暂时压下。

（16）我们会被暂时挤出国际市场吗？

"一时"的后续成分以及"一时"在特殊句类和句式中的出现受到很多限制，这是由它的语义决定的。"一时"强调动作、事件有一定的过程性和一定的时长，凸显客观性，因此它更倾向于与［－可控］的动词以及表达客观性的句类和句式一起使用。

第五部分 偏误用词辨析

45. 为什么不能说"他从来迟到"?

《现代汉语词典》(第7版)中对"从来"的解释为"从过去到现在(多用于否定式)";《现代汉语八百词》(增订本)和《现代汉语虚词词典》(张斌主编)注意到"从来"也可以用于肯定句式,但所修饰的是动词、形容词的复杂形式或是小句。从上述解释中可以看出,"从来"与时间表达有关,一般会涉及相关动作行为或性状的起点和终点。此外,"从来"对于句类和谓词有一定的限制。

唐善生(2011)认为,"从来"通常表示从过去某个时间到现在,即起点是过去某个时间,终点是现在。有时起点较为模糊,有时起点和终点会通过上下文语境明示或隐含,而且有时候终点也不一定是现在。例如:

(1)我从来没这么高兴过。

(2)小张从来不对我撒谎。

(3)离开家以后,他从来没有主动联系过父亲。

(4)他认识小王已经有二十年,却从来不了解这个人。

(5)她从12岁起,直到87岁去世,从来不为自己、而只为受苦受难的人活着。

(6)每期抽奖我都参加,但从来不中奖,不管奖品多少,都没我。

例(1)和例(2)中,"从来"表示的是从过去的时间点到现在,起点不明确,但是终点都指向现在;例(3)中,"从来"的起点在句中已明确指出,是"离开家以后",终点指向现在;例(4)中,"从来"的起点隐含在"从来"前的句子中，"他认识小王已经有二十年"，因此起点就是二十年前"他"认识小王的时候；例（5）中，"从来"的起点和终点在句中已明示，起点是"她"12岁的时候，终点不是现在，而是"她"87岁去世的时候；例（6）中，"从来"的起点和终点是隐含在句中的，起点为每期抽奖开始之时，终点则为每期抽奖结束之时，"不中奖"反复出现。

由此我们可以发现，"从来"不仅能够表示从过去到现在的时间，还可以表示从过去到过去的时间。唐为群（2007）认为，当"从来"句反映客观真理或规约性认识时，句子在时间上是可以指向将来的，如"成者王侯败者寇，从来如此"。而唐善生（2011）认为：表常然的事态或事件的句子中没有"从来"时，这些句子可以指向过去、现在或将来，且能与相应的时间词语共现，如"广州冬天（过去 / 现在 / 将来）不下雪"；但当句中带有"从来"时，句子不能表示将来，如"将来广州冬天从来不会下雪"不太能讲得通。事实上，表常然的事态或事件的句子中的"从来"是一种判断，这种判断基于对从过去到现在事件规律的总结和认识，因此从时间指向上看倾向于为从过去到现在，至于将来是否如此，或许还不能够完全排除例外的存在。

在句类选择上，"从来"可以出现在陈述句、疑问句和感叹句中，但不能出现在祈使句中；在陈述句中又多用于否定句，较少用于肯定句。唐为群（2007）调查了约200万字的语料后发现，"从来"出现于否定句中的比例约为92%，而出现于肯定句中的比例约为8%。

"从来"常常与否定词语"不、不曾、未曾、没、没有"等搭配构成否定句。例如：

（7）他对家里的事情从来不上心。

（8）虽然心急，但她对自己从来不曾丧失信心。

（9）这个年轻人从来未曾去过非洲。

（10）我从来没12点前睡过觉。

（11）我们从来没有见过她如此伤心。

唐善生（2011）注意到，"从来"和否定词语之间还可以插入范围副词"都"，语气副词"就、是"，频率副词"还、也"，等等。例如：

（12）她确实从来都没有这么开心过。

（13）我想我从来就不了解你。

（14）他上课从来是不专心听讲的。

（15）大姐，我得感谢您，从来还没人像您这样信任我。

（16）这样的聚会，她从来也不参加。

肯定句中，"从来"一般不能直接修饰光杆形式的动词或形容词，动词或形容词前一般需要出现否定词或范围副词"都"、程度副词、指示词等成分。例如：

（17）*他从来高兴。

（18）*他从来洗。

例（17）和例（18）中的谓词分别是光杆形式的形容词"高兴"和动词"洗"，动词、形容词以光杆形式出现在"从来"句中时，语义和句法上不自足，需要在动词或形容词前后添加一些句法成分。例如：

（19）他从来都是高高兴兴的。

（20）我每次去看望他，他从来都很高兴。

（21）他从来没有这么高兴过。

（22）他从来不洗衣服。

（23）他从来都不洗衣服。

例（19）～（21）这三个"从来"句中的"高兴"不再以光杆形式出现。例（19）中的"高高兴兴"是"高兴"的重叠形式，且处于"是……的"结构中，"是"前还有副词"都"；例（20）中的"高兴"前面有副词"都"和"很"；例（21）中的"高兴"前面有指示词"这么"，后面有表示时态的助词"过"。例（22）和例（23）中的动词"洗"前面有否定词"不"，后面有宾语"衣服"，例（23）中的"不"前还有副词"都"。

唐为群（2007）认为，属性动词和关系动词一般不能充当"从来"句的谓语，但当属性动词或关系动词处于"从来没……过"结构槽，或是"从来"直接修饰这类动词，陈述一个无可争议的公理或真理时，这类动词可以出现在"从来"句中。此外，唐为群（2007）注意到，瞬间非自主动词和不可重复的动词一般不能充当"从来"句的谓语，如"死、出生、失明、崩溃、诞生"等。但唐善生（2011）发现，当与特定的副词共现时，这些动词可以进入"从来"句。例如：

（24）我们会让它的眼睛睁开，耳朵竖起，像从来都没有死过一样。

例（24）中的"死"是一个瞬间非自主动词，其前的副词"都"和"没有"是"从来"句的重要完句成分。

"从来"句中，谓语动词通常与表时态的助词"过"共现，很少与"着"共现，一般不与"了"共现。例如：

（25）我从来没吃过这种水果。

（26）他从来不躺着看书。

例（26）中，可以带助词"着"的谓语动词"躺"是具有可持续性的动词，这是谓语动词能与助词"着"共现的基本语义条件。

（27）这几天他闷在家里，从来都不出门。

（28）这么些年来，他从来不请客吃饭。

"从来"表示的时间大多较长，也可以较短，但在主观认定上是大量，具有一定的主观性。例（27）中的"这几天"相对于例（28）中的"这些年来"所表示的时间较短，但都是"从来"所指称的时间范围，而且这两个时间段在说话者看来都是较长的。

"从来"句所表示的不是说话人的客观陈述，而是说话人的主观判断。当表示客观陈述时，句中可以使用"一直"。例如：

（29）他一直都坐公交车去上班。

（30）他从来都是坐公交车去上班。

例（30）中的"是"不能省略，"从来"句表示的是"他坐公交车去上班"已经成为一种习惯，是说话人的主观判断；而例（29）这一"一直"句是对"他坐公交车去上班"这一具体事件的客观陈述。

由于"从来"在表达上具有较强的主观性，它在实际使用中可以反映说话人比较强烈的主观情绪，带有夸张性。例如：

（31）你从来都不管家里的事情。

46. 为什么不能说"这是很常常见的"？

《现代汉语八百词》（增订本）、《现代汉语虚词词典》（张斌主编）和《现代汉语词典》（第7版）中都收录了"常常"，并且都将其标注为副词，认为其是与频率有关的副词，表示动作、行为屡次发生，而且时间间隔短。

"常常"在句中通常位于谓词之前做状语，有时也可以位于句首。当句子是判断句时，"常常"一般位于句首。例如：

（1）他最近常常凌晨1点钟睡觉。

（2）常常，我为一个姐姐跑一家商店，一次只买一件东西。

（3）老辈硕学，常常是一个学府学术地位的标志。

例（1）中的"常常"位于表示时间的"最近"和"凌晨1点钟"之间，"最近"是时间名词，时间副词"常常"一般位于做状语的时间名词之后。这里的"凌晨1点钟"是对谓语核心"睡觉"在时间上的限定，如果"睡觉"前没有"凌晨1点钟"这一时间限定，"他最近常常睡觉"一般是不说的，除非在上下文中有交代具体时间或对事件加以限定。因为从语义上说，"睡觉"是人们生活中必不可少的一部分，不是可有可无的、涉及概率的事件。因此，"常常"一般也不能位于"凌晨1点钟"之后，因为"凌晨1点钟"一般都是睡觉时间，是不存在时间间隔问题的。但是当处于特定语境，比如由于某些特定职业或特殊情况，"凌晨1点钟"是非睡觉时间时，可以出现"他最近凌晨1点钟常常睡觉"这样的表达。例（2）中的"常常"位于句首，是句首状语，也可以位于主语"我"之后做句中状语。例（3）中的"常常"位于判断句句首。

"常常"可以与结构助词"地"连用，位于谓语之前。例如：

（4）这件事常常地刺激着他。

（5）做了律师，就免不了要常常地向法院里跑。

当后面的谓语为多音节词语，或者谓语前为多重状语且其他状语为多音节词语时，可以使用"常常"表示动作、行为屡次发生且时间间隔短。例如：

（6）个体常常意识不到自己存在这种偏爱。

（7）他有所见，可是常常同时为其见所蔽。

（8）咨询者和治疗者常常绞尽脑汁、殚精竭虑地想办法帮助他们。

例（6）中的谓语是多音节的，"常常"在其前做状语；例（7）和例（8）中的"常常"处于多重状语中。

"常常"还可以用于对举的句子。例如：

（9）我在食堂里吃饭，常常一边吃，一边观察着周围。

"常常"对句类有一定的选择性，它一般不出现在祈使句、疑问句和反问句中。

（10）？以后常常来啊，有的是机会。

（11）？林先生能否常常来？

（12）？常常回家看看不是挺好的吗？

例（10）～（12）中的"常常"分别出现在祈使句、疑问句和反问句中，这几例中都不适合用"常常"做状语表示动作、行为发生的频率，可以将"常常"替换成"常"。

在与否定词的共现上，"常常"前面很少出现"不"来否定动作、行为的频率；但其后可以出现"不"，此时是对事件否定情形的频率的说明。例如：

（13）*对我们来说，机遇不常常有，时间十分宝贵。

（14）他常常不按照我画的版样制作。

例（13）中的"不"出现在"常常"前面，实际上是表频率的时间副词"常常"首先对"有"进行限定，接着用"不"对这一频率事件进行否定，但是"常常"一般不能出现在这样的句法环境中，此处的"常常"可替换为"常"。例（14）中的"不"是对"按照我画的版样制作"的否定，"常常"则是对这一具有否定意义的事件在频率上的限定和说明。

此外，《现代汉语虚词词典》（张斌主编）还注意到，"常常"一般不接受程度副词的修饰，不能说"这种病很常常见"，但可以说成"这种病很常见"。

由此我们可以发现，上述"常常"不能出现的句法环境中，多数情况下都可以用"常"替换"常常"。"常"和"常常"是一对近义词，都可以表示事情屡次发生且时间间隔短，受到音节和句法条件的制约，"常常"和"常"在一些特定句法环境中的使用具有一定的互补性，也存在二者可以互换的情况。例如：

（15）他常／常常说起你。

"常"除了表示事情屡次发生且时间间隔短之外，还可以表示某种情况一直是这样。例如：

（16）"可口可乐"这块响亮的牌子常驻每一位消费者心中。

（17）唯有椰树四季常青，充满活力。

（18）他能随遇而安，知足常乐。

47. 为什么不能说"请你顿时给他打个电话"？[①]

陆俭明、马真（1999）认为"顿时"兼表短时和突发义，《现代汉语词典》（第7版）中将"顿时"解释为"立刻（多用于叙述过去的事情）"。事实上，"顿时"与"立刻"在句法、语义等方面存在差异。

47.1 "顿时"的句法功能分析

"请你顿时给他打个电话"是祈使句，"顿时"一般不能出现在祈使句中，但是"立刻、马上"可以出现在表示命令或请求的祈使句中。例如：

（1）请你马上／立刻开车离开这里好不好？

（2）马上／立刻给他打个电话！

"马上""立刻"和"顿时"都可以在句中做状语，表示动作在短时间内发生，但"顿时"在句类选择上受到限制，一般不能出现在祈使句中，而"马上"和"立刻"不受此限制。此外，在与否定格式的搭配上，"顿时"的位置也不像"立

---

① 本篇研究基于杨峥琳（2010）关于时间副词"顿时"的多角度分析研究展开。

刻、马上"那样灵活，其一般只能位于否定格式之前。例如：

（3）他顿时不言语了。

（4）桌上的气氛顿时不自在起来。

（5）男人马上／立刻不动了。

（6）我马上／立刻不困了。

（7）小姑娘没马上回答。

（8）他不立刻问价钱，而是征求女朋友的意见："你看怎么样？"

例（3）和例（4）中的"顿时"都位于否定词"不"之前，"不"后分别是动词"言语"和述补结构"自在起来"，"顿时"基本不出现在否定词之后。"马上"和"立刻"既可以位于否定词之前，也可以位于否定词之后，位置比较灵活。如例（5）和例（6）中，二者位于否定词"不"之前；例（7）和例（8）中，二者分别位于否定词"没"和"不"之后。

"顿时"对于其所修饰的谓语结构也有一定的限制，具体表现为：其所修饰的谓语动词通常是表示心理活动、感受及表示事物出现或消失的动词；其所修饰的谓语结构常常是一个复杂形式，很少是光杆形式的动词或形容词；其一般不与能愿动词或表计划的动词等共现。例如：

（9）小小的我顿时觉得自豪起来。

（10）她的脸上顿时出现了害怕的表情。

（11）*我要顿时回家。

例（9）和例（10）中，"顿时"分别在表心理感受的动词"觉得"和表事物出现的动词"出现"前面，而且此时的谓语结构分别是"觉得自豪起来""出现了害怕的表情"，不是光杆形式的动词或形容词。例（11）中有能愿动词"要"，"顿时"一般不能与这类动词搭配。这几例中的"顿时"都可以替换为"马上"或"立刻"。

另外，"顿时"很少单独使用，而"马上"在应答句中可以单独使用。例如：

（12）A：你什么时候回家？

　　　B：马上！

47.2　"顿时"的语义特征分析

"顿时"表示短时，但"突发、意想不到"是它更为显著的语义特征。例如：

（13）读完这封信，我顿时觉得脑子大了一圈。

（14）熹宗听了，顿时恼怒起来，立即把她贬到冷宫里去。

例（13）和例（14）中，"顿时"后面所接的内容都是意想不到的事情或情况，而且事发突然，如果将这两句中的"顿时"换成"马上"或"立刻"，那种事发突然、意想不到之感就会淡化很多。此外，我们发现，在含有"顿时"的句子中，需要找到两个具有因果关系的事件和一个主体。例（13）中的主体是"我"，"顿时觉得脑子大了一圈"这一情况是"读完这封信"所致；例（14）中的主体是"熹宗"，"顿时恼怒起来"也是因前面"熹宗听了"所表示的事件而起。"顿时"所连接的两个事件之间具有因果逻辑关系，"顿时"通常位于表示变化或结果的第二个分句中，因此可以将"顿时"出现的语义环境概括为：原因事件＋主体＋顿时＋结果或变化事件。

当前后两个事件的因果逻辑关联度不高时，句子中很少使用"顿时"。例如：

（15）他一回到家，马上走进厨房去做饭。

（16）刚到学校，我就立刻给你打电话报平安。

例（15）和例（16）中的"马上"和"立刻"不能替换成"顿时"，因为前后两个动作并不构成因果逻辑关系，它们只是时间上的顺承关系。

当"顿时"出现在假设关系复句中时，它不表已然义，而表示未然的情况。例如：

（17）别看她喜欢打盹，只要你一说起打牌，她顿时就会精神抖擞，打起牌来还经常赢！

"顿时"在前面所举的那些例子中多表已然义，而例（17）中"顿时"所修饰的"精神抖擞"是尚未出现的情况。在这类表示假设关系的复句中，"顿时"后面多是一种未来可能出现的结果或状态。

48. 为什么不能说"院子里时时静悄悄的"？

"时时"是现代汉语中常见的表示频率的时间副词，《现代汉语虚词词典》（张斌主编）中将"时时"解释为："1.表示事情经常发生，相当于'常常'；2.表示事情接连不断地发生，相当于'时刻'；3.表示屡次出现某种情况，相当于'不时'。"可见，"时时"与其他时间副词在语义和功能上存在很多相似点。此外，"时时"不仅可以表示动作行为在时间上的持续，还可以表示动作行为的多次重复。例如［例（5）～（7）引自邹海清（2008）］：

（1）我们时时铭记您的恩情。

（2）一年365天，天天开诊。一天24小时，时时服务。

（3）他连行走的脚都没有，却时时处处想着有脚的人。

（4）朱益老头不得不时时地停下来，向孩子们做名词解释。

（5）秋风很凉，时时吹醒了他。

（6）幸而父亲在家，她不好意思翻脸，可是眉毛拧得很紧，腮上也时时抽动那么一下。

（7）冠晓荷知道这里不许男人进来，就立在外边，时时地开开门缝往里看一眼。

例（1）～（3）中的"时时"表示事情接连不断地发生，其所修饰的动作行为在时轴上具有延续性，"时时"不表示动作行为的重复。例（1）中的"时时"在谓语动词"铭记"之前做状语，郭锐（1993）根据动词内部所具有的过程结构把动词分为无限结构动词、前限结构动词、双限结构动词、后限结构动词和点结构动词等五个大类及十个小类，这里的"铭记"就是典型的无限结构动词，即内部没有起点和终点的动词。内部没有起点和终点的"铭记"在时间上具有延续性，与"时时"在语义上兼容。此外，内部有起点但没有终点的前限结构动词也可以与表示延续的"时时"搭配，如"知道、认识"等。例（2）中的"时时服务"与前句中的"天天开诊"形成对举，"时时"在这里也表示动作行为的延续。

例（3）中的"时时"后面紧跟具有周遍性的"处处"，邹海清（2008）认为，"处处"所强调的是动作行为的周遍性，带有匀质性特点，而具有延续性的"时时"所修饰的动作行为在时轴上也具有匀质性，因此二者语义兼容。

例（4）～（7）中的"时时"不同于例（1）～（3）中的"时时"，这几例中的"时时"所修饰的动作行为在时轴上重复，不具有延续性，"时时"后面的谓语也从句法上体现出动作行为的非延续性。例（4）中的"停下来"是动趋式，例（5）中的"吹醒"是动结式，例（6）中的"抽动那么一下"是含动量词的动补式，例（7）中的"开开"是动词重叠式，这些结构在时轴上都有终点，因此相应动作行为只能重复，不能延续。

以上所述分别是"时时"表延续且不表重复和表重复且不表延续的情况，事实上，"时时"在缺乏特殊句法环境的制约时，既可以看作表延续，也可以看作表重复。例如：

（8）我也会时时提醒他们。

这一例中的"时时"既可以看作指"提醒他们"这一动作行为是持续的，比如可以在句前添加一些时间限定成分，"这些年我也会时时提醒他们"，也可以看作指"提醒他们"是重复的，比如可以在其后添加一些补充成分，"我也会时时提醒他们一下"。也就是说，"时时"具有表延续和表重复的语法功能，但在具体的语境中只能实现其中一个功能，要么表延续，要么表重复。

"时时"在句中做状语时，可以直接位于谓语动词之前，也可以在"时时"后面加结构助词"地"，如例（4），再如：

（9）为了照应整个舞台，他只得时时地背向乐队。

《现代汉语虚词词典》（张斌主编）中还提到，"时时"只能用于肯定句，比如不说"时时不参加"。也就是说，"时时"一般不能与否定词直接连用表达否定意义，但其可以受"无不、不得不、并不"等表达否定意义的词语的修饰。例如：

（10）我们在人生旅途中，无不时时处处感受到国家权力的影响。

（11）茂密的树林和芦苇，迫使他不得不时时绕行。

（12）好在老人极开朗，并不时时考核，于是居然也混了下来。

在与动词搭配方面，邹海清（2008）认为"时"类副词后面不能带具有判断功能的"是"。例如：

（13）*佐餐之物时时是三片萝卜，有时是一块咸鱼。

例（13）中的"时时"不能出现在"是"前面，此处"时时"可以替换成时间副词"经常"。

此外，"时时"不能修饰做谓语的状态形容词，比如不能说"院子里时时静悄悄的""我的房间时时乱糟糟的"等。"静悄悄、乱糟糟"这样的状态形容词强调的是事物一时的状态，在时间上的延续性相对较弱，因此，它们很难与"时时"搭配使用。

49. 为什么不能说"他再三获奖"？

"再三"在《现代汉语八百词》（增订本）中的释义为"一次又一次。表示频繁重复。用于动词前，做状语。有时能说'再三再四'"。《现代汉语虚词词典》（张斌主编）和《现代汉语词典》（第7版）中则进一步指出，"再三"可以放在少数动词之后，例如"考虑再三"。这里提到的"少数动词"主要是指具有思考意义的自主性动词，"动词＋再三"的具体用法我们将在本节后半部分详细阐述，这里暂不赘述。

"再三"的主要句法功能是做状语，它对其所修饰的动词有一定的选择性，与"再三"结合的动词一般是表动作行为的动词和表心理活动的动词这两类。例如：

（1）有人再三问他，他嘻嘻地笑着说："你别去告诉领导，我就告诉你。"

（2）我装作不懂，禁不住再三问个不已。

（3）徐光启花了一年多时间，逐字逐句地反复推敲，再三修改，终于把前六卷《几何原本》翻译完成。

（4）她提出要陪父亲一起上长安去，家里人再三劝阻她也没有用。

（5）我再三考虑，还是决定留下来。

　　"再三"所修饰的动词既可以是单音节的，也可以是双音节的，但是单音节动词不能是光杆形式。例（1）和例（2）中，"再三"后面都是单音节动词"问"，但都不是以光杆形式出现的，这两例中的"问他""问个不已"分别是"动词＋宾语""动词＋补语"形式。例（3）～（5）中，"再三"后面的动词"修改""劝阻""考虑"都是双音节动词，其中"修改""劝阻"是表动作行为的动词，"考虑"是表心理活动的动词。表动作行为的双音节动词可以以光杆形式出现，如例（3）；也可以后接宾语，如例（4）中的"再三劝阻她"；"再三"所修饰的双音节动词后面较少出现补语。例（5）中，"再三"所修饰的心理活动动词"考虑"以光杆形式出现，表心理活动的动词在"再三"后面时较少后接宾语或补语。

　　"他再三获奖"中的"获"是单音节动词，后面有宾语"奖"，"再三"后面的"获奖"并不是以单音节光杆形式出现。从形式上看，"他再三获奖"与例（1）中的"有人再三问他"没有太大差别，那么为什么不能说"他再三获奖"呢？

　　周小兵、邓小宁（2002）认为，动词跟"再三"的选择限制可以运用马庆株（1992）所提出的自主动词和非自主动词的概念进行解释，"再三"可以出现在许多自主动词前面，但不能出现在非自主动词前面。自主动词和非自主动词是马庆株（1992）从语义角度对动词进行的分类。从语义上说，自主动词表示有意识的或有心的动作行为，也就是能由动作发出者主观决定、自由支配的动作行为，如例（1）和例（2）中的"问"；非自主动词表示无意识、无心的动作行为，也就是动作行为发出者不能自由支配的动作行为，如上述所提单音节动词"获"。如果想要表达一次又一次获奖的意思，可以在"获奖"前使用频率副词"一再"，说成"他一再获奖"。"一再"可以用在自主动词和非自主动词前面，而"再三"通常只能用在自主动词前面。

　　与动词结合时，"再三"既可以位于动词之前构成"再三＋V"格式，也可以位于动词之后构成"V＋再三"格式，但是二者并不是等值的。周小兵、邓小宁（2002）认为，"再三＋V"和"V＋再三"在对V的选择和出现语境两方面存在不同，因此二者不是等值的。首先，能够出现在"再三＋V"中的动词要远远多于能够出现在"V＋再三"中的，比如我们可以说"再三批评、再三要求、再三追问"，却不说"批评再三、要求再三、追问再三"。能够出现在"V＋再

三"中的动词所指行为的进行一般需要一段时间，通常是具有思考义的动词，如
"犹豫、考虑"等。另外，"V＋再三"的出现也需要一定的条件，通常，这里的
V所指行为应发生在另一动作之前，而且是另一动作发生的前提。例如：

（6）我犹豫再三才狠心买下了这本书。

例（6）中的"犹豫再三"是"买下这本书"的前提，前一动作直接决定了
后一动作的发生。这里的"再三"在语义上强调动作发生的次数，相当于体词
性的动量成分，有"多次"之义；在语法功能上其与"再三＋V"格式中的"再
三"有所不同，不是强调连续的"一次又一次"。

"再三"可以用在表过去、现在或将来的句子中，其所修饰的动作行为的时
间状态通常由句中的时间词语体现。例如：

（7）临行前，宋霭龄再三嘱咐："此是转机，机遇不可多得的。"

（8）此时此刻，它或许是听了同类的呼唤而突然拨动了回归故里的情丝，
然而，凝视再三，斟酌再三，它还是没有改变常驻朱家的初衷……［引自晏婧
（2015）］

（9）明天上学时，她多么盼望她们会再三盘问她啊。

例（7）～（9）中的"再三"分别处在表过去、现在、将来的句子中，这些
句子里的时间表达"临行前""此时此刻""明天上学时"分别明示了过去、现在、
将来这三种时间状态。如果没有这些时间表达，一定的上下文语境也可以体现出
相应的时间特征。

在与否定词的共现方面，晏婧（2015）考察发现，"再三"一般只能与"不"
共现，而不能与"没"等其他否定副词共现。例如：

（10）他再三不表示态度，其实也就是表了态度。

"再三"是表示频率的时间副词，史金生（2002）认为，表频率的时间副词
只能用来表示肯定的实际发生的动作的频率，而不能用来表示否定的尚未实现的
动作的频率，因此不能说"再三没考虑"。那么为什么否定副词"不"可以出现
在"再三"后面呢？这是因为"不"强调说话人的主观意愿、态度和认识，正如
例（10）中的"不表示态度"是"他"的主观意愿，从事件陈述看，"不表示态
度"是一种已出现的实际情况。

50. 为什么不能说"你们要每每来"？

"每每"是由"每"重叠而来，是重叠式副词。《现代汉语八百词》（增订本）中没有收录"每每"，《现代汉语虚词词典》（张斌主编）中认为"每每"是表示频率的副词，有两个义项：一是表示某种情况多次出现，并强调这种情况引起的结果是相同的，此时"每每"所修饰的动作行为是已经实现了的，例如"父母每每想到这里，免不了互相埋怨一通"；一是表示同一情况经常或反复出现，带有一定的规律性，此时"每每"所修饰的动作行为既可以是已然的，也可以是未然的，例如"他们每每一下班就相约去逛公园"。

从语义上看，"每每"指动作、行为、事件发生的次数多、频率高，也就是说表示大量，但是这个量到底有多大不是明确的，具有模糊性。例如：

（1）他每每谈起这些学生，就不由得露出满心的欢喜。

例（1）中，"谈起这些学生"这件事发生的频率很高，但多少次算高以及具体是多少次其实并不明确。彭湃、彭爽（2004）也强调"每每"通常带有规律性或推论性质，例（1）中，前面事件"他谈起这些学生"是后面事件"不由得露出满心的欢喜"的前提，后面事件是前面事件的结果，带有规律性。

"每每"在句中做状语，其后的谓语核心既可以是动词，也可以是形容词。例如：

（2）每每感伤，就想到我们曾经的岁月。

（3）人人皆知以多胜少是最好的办法，然而很多人不能做到，相反地每每分散兵力。

（4）她每每清醒过来，就要去拔针头。

（5）猎豹还不长记性，猎杀者每每成功。

"每每"后面可以是光杆动词，此时通常是双音节光杆动词，也可以是动词短语。例（2）中，"每每"后面的"感伤"是双音节光杆动词；例（3）中，"每每"后面的动词"分散"还后接了宾语"兵力"；例（4）中，"每每"后面的动词"清醒"之后还有趋向动词"过来","清醒过来"是动补结构。例（5）中，"每每"后面是形容词"成功"。

"每每"做状语时，既可以做句中状语，如例（1）及例（3）~（5），也可以做句首状语，如例（2）。做句首状语时，"每每"只是对其后谓语动词进行修饰，而不是对全句进行限制。

"每每"可以与动态助词"着、了、过"共现。例如：

（6）每每看着挂在窗前的纸鹤，我就会不自觉地想起远方的你。

（7）小组赛三轮费德勒每每到了次盘均表现糟糕。

（8）苏映心又醒来数次，每每喝过佟磊喂的水，很快又沉入梦乡。

作为表频率的时间副词，"每每"还可以与其他类别的副词以及其他时间副词共现，共现时需要注意"每每"与其他副词的语序。例如：

（9）那是真正的道貌岸然，我每每都为之惊惧。

（10）十多年来，大到职工的住房、户口，小到工人的婚丧嫁娶，他都每每挂在心上。

（11）由于蚁巢不易找寻，这样做效果每每不佳。

（12）他舍不得多花一分钱，而每每不忘给她带回一个肉烧饼。

（13）不每每吹毛求疵，自己就会轻轻松松。

（14）FM里传出应景的歌《越长大越孤单》，曾经每每听到要流泪。

（15）近年来当美国、新加坡、中国香港的舞蹈团体纷纷向他发出邀请，甚至寄来了往返机票，请他去讲学、演出，但又与本单位的日程发生冲突时，他又总是每每服从了本单位的整体安排。

"每每"可以与范围副词"都"共现，"每每"既可以位于"都"的前面，如例（9），也可以位于"都"的后面，如例（10）。"每每"还可以与否定副词"不"共现，此时"每每"通常位于"不"的前面，如例（11）和例（12），而很少位于"不"的后面。我们在CCL语料库中没有搜索到含"不每每"的语例，但在BCC语料库中搜索到了例（13），却也仅此一例，可以说"每每"与"不"共现时，"每每"一般是前置的。实际上，语料库中"每每"与"不"结合的语例还是相对较少，而且"每每"与"不"共现时对谓语也有一定的选择限制，谓语核心一般是形容词或表示心理活动的动词,如例(11)中的"佳"是形容词,例(12)中的"忘"是表示心理活动的动词。值得注意的是,"每每"不能与否定副词"没(有)"共现,这是因为"每每"是从客观角度强调动作、行为、事件发生的频率高,而"没(有)"是从客观角度对动作、行为、事件的否定,二者语义冲突。那么,为什么"不"有时就可以与"每每"共现呢?"不"后多是形容词或表心理活动的动词,"不"与形容词结合是表示一种状态,"每每无聊""每每倒霉"与"每每不佳"并无差别,而"不"与心理活动动词结合只是对动词的否定,像例(12)中的"不忘给她带回一个肉烧饼"仍是客观事件,发生的频率可以很高,因此可以受"每每"的修饰。

"每每"也可以与表时时间副词和表频时间副词共现。如例(14)中的"曾经"是表过去的时间副词,"曾经"与"每每"共现时,"每每"在"曾经"的后面;例(15)中的"总是"是高频时间副词,"总是"与"每每"共现时,"每每"只能在"总是"后面。

在句类选择上,彭湃、彭爽(2004)认为"每每"可以用在陈述句和疑问句中,但不能用在感叹句和祈使句中。例如:

(16)每每听到这音乐,我总在回忆电影中那一幕幕。

(17)多情的人不是每每有些傻气吗?

这两例中的"每每"分别使用在陈述句和疑问句中,而"你们要每每来"中的"每每"处于祈使句中,"每每"只是对客观动作、行为、事件的频率的描述,而感叹句和祈使句具有较强的主观情感,这与"每每"不用于表达主观意愿的功能相悖,因此不能说"你们要每每来"。如果要表达希望对方多来这一意义,则可以将这里的"每每"替换成"常常"或"经常",即"你们要常常 / 经常来"。

第六部分　教学及应用

51. 如何对时间副词进行讲解?

时间副词不像名词和动词等实词那般意义实在，它语义抽象，意义虚化，因此不适合采用实物或动作这种形象化的表达方式进行教学。周利芳（2002）认为，引入语境在对外汉语副词教学中具有可行性，语境即语言环境，有狭义和广义之分。狭义的语境是指上下文，包括字面上的前后文和说话时的前言后语；广义上的语境包括交际双方和交际情境中的各种因素。

时间副词的教学中可以引入语境，自然语境下的语言表达所涉及的生词可能会超出学生的实际水平，因此真实语境并不完全适用于教学，此时就需要对外汉语教师根据学生的实际水平人为地设置一些虚拟的情境，在语境中帮助学习者掌握相应时间副词的意义和用法。根据上述的语境的狭义和广义之分，我们以"终于"为例来展示语境的使用。"终于"在《现代汉语词典》（第7版）中被解释为"表示经过较长过程最后出现某种情况（多用于希望达到的结果）"。

事实上，学生们较难理解词典中的解释，教师可以创设相应的语境进行讲解。语境可以设置为："驾照考试每人只有五次机会，我考驾照已经考了四次了，最后一次考过了。"通过强调参加驾照考试次数之多，且考试通过是希望达到的结果，引导学生说出"我终于考过了"。另外，还可以创设交际情境导入"终于"的讲解，语境设置为："小王和小红是一对好朋友，小王有事要找小红，他一直给小红打电话，从早上打到晚上，但是小红一直没有接听电话，等到了晚上快睡觉时，小王打通了小红的电话。"由此语境可知，小王给小红打电话打了很久，而且小王希望能够打通电话，最后这一结果达成，此时就可以引导学生说出"小红终于接电话了"。在语音上还可以重读"终于",这样既可以凸显"终于"的语义,还可以强调"终于"的句法位置,即位于主语之后、谓语动词之前。

目前从对外汉语教学角度出发针对时间副词开展的研究多数关注到了偏误分析,偏误的成因既有母语的外部干扰,也有目的语的内部干扰,近义时间副词之间的误用情况比较突出。很多学者尝试在偏误表现分析的基础上,寻求解决偏误的教学策略,其中对比分析的方法常被使用在近义时间副词的教学中,为了更直观地呈现近义时间副词之间的异同,通常还会运用表格对其意义和用法进行比较。

皇甫素飞、郭筱旭(2014)采用了表格的方式在课堂上展示"已经"和"曾经"的区别,具体内容见表 51-1:

表 51-1 时间副词"已经"和"曾经"对比

项目	已经	曾经
意义	动作和情况可能还在继续。如:我已经在这里住了一年了。(现在还住在这里)	动作或情况现在已经结束。如:我曾经在这里住了一年。(现在不在这里住了)
	事情已经完成,一般在不久以前。如:这本书我已经买到了,不用你费心了。	从前有过某种行为或情况,时间一般不是最近。如:这本书我曾经买过好几次,都没买到。
用法	后面的动词以带"了"为主,少带"过"。否定式:还+没+动词、已经+不+动词+了、已经+时间词组+不/没+动词+了。	后面的动词以带"过"为主,也可用"了"。否定式:从来+没+动词+过、不/未+曾+动词+过、曾经+时间词组+不/没+动词。

此外,仅有知识点的讲解还不足以让学生掌握语言使用的规则,还需要配以相应的练习。练习可以让学生按照要求运用所学的时间副词,既是复习巩固的好方法,也可以给予教师及时的反馈,帮助教师在练习中发现问题并解决问题。针对时间副词的练习有多种,既可以是口语练习,也可以是书面练习。

口语练习可以是在学习某个时间副词之后,创设一定的语境让学生使用该时间副词进行表达,在口语训练中整体把握该时间副词的意义和用法。同时,教师需要注意对学生进行鼓励和引导,让学生多说多练。

书面练习可以是机械性练习，也可以是应用性练习。机械性练习主要是指不怎么需要理解的练习项目，如模仿、重复、替换、扩展等练习，其目的是在简单的情境中加深学生对时间副词的理解，使学生对时间副词达到熟练掌握的程度。皇甫素飞、郭筱旭（2014）提到了一些近义时间副词的教学参考活动，主要还是从应用性这个角度出发而设计的巩固练习，练习题型有选词填空、语序判断、改错等。

下面我们以"才"和"就"为例展示相应的应用性练习。

1. 选词填空题

才　就

（1）现在＿＿7点，我已经准备去上学了。

（2）马上＿＿7点了，我要迟到了！

2. 排列语序题

（1）我　已经　准备　去上学　7点　才　现在　了

（2）时间　过得　好快　啊　7点　就　了　马上

3. 改错题

（1）不能再待下去了，我们明天才走吧。

（2）你怎么现在就来？你看几点了？

这些应用性练习利用选词填空、语序排列、改错等多种形式帮助学生把握"才"和"就"的语义和句法差异，由此起到巩固和复习的作用。在实际教学中，教师可以根据学生的学习情况，灵活运用各种练习形式。

52. 如何在时间副词教学中使用多媒体技术？

多媒体辅助教学是现代科技的产物，目前已经成为对外汉语时间副词教学中必不可少的教学手段。多媒体辅助教学在视觉呈现上与传统教学有着较大不同，传统教学往往采用纸笔或黑板呈现教学内容，讲解语言点，多媒体教学则是运用声画、文本等多种手段刺激感官，讲练语言点。

时间副词在语义上一般较为抽象，很难通过实物、动作等具象表达讲解清楚。采用语境营造、对比分析等方法对其展开讲解时，所使用的讲解性语言要遵循学生现有语言水平。如果使用过多生词或超出学生认知能力，那么只是通过教师的语音解释而营造的讲解环境的效果会大打折扣，甚至会出现越讲越乱的情况。另外，现代汉语中存在不少多义副词，有的副词既可以做时间副词，也可以做语气副词，还可以做范围副词、关联副词，如"就"。多义副词在使用中会给学生造成很多困扰，学生很难全面掌握这类副词的基本用法。此时，多媒体辅助教学则可以通过文本、图像、视频等方式弥补传统教学中存在的上述不足，教师可以更加直观地呈现语言点，并在此基础上设计相应的巩固练习。

那么，在对外汉语时间副词教学中，到底应该怎样使用多媒体技术进行辅助教学？在设计过程中应该注意哪些问题？以下，我们基于已有实证研究，从文本、图像、视频等方面讨论如何把握时间副词教学中的一些细节。

戴黎红（2008）在多媒体环境中考察了不同媒体形式及其不同呈现方式下多义副词"就"的教学效果，实验中选取了三种较常用的媒体——文本媒体、图像媒体和视频媒体进行了教学实验，通过与传统教学控制组的比对发现：就呈现形式而言，视频媒体在副词"就"的教学中最具应用价值，文本媒体也具有一定应用价值，而图像媒体较之传统教学中的图像表达效果差异不大，但也并不意味着其在多媒体教学中没有作用。呈现方式的不同一定程度上也会导致学习效果上的差异，上述三种不同媒体组内对比实验数据显示：文本媒体环境下，大号字体突出显示的效果优于红色字体；图像媒体环境下，图左文右的呈现方式优于图上文下的呈现方式，另外，图文同时出现优于异时出现。视频媒体环境下，有字幕的呈现方式优于无字幕的呈现方式，间歇播放方式优于连续播放方式。下面，我们以时间副词"就"为例，具体展示上述三种不同媒体在教学中的应用。

多媒体环境下的文本在形式上可以突破传统文本的线性排列顺序，以非线性技术组织信息，它的优势在于可以根据人脑的联想思维把相关信息关联起来，供学生阅读，既能拓宽学习者的思路，刺激学习者的想象力，也能使教学更加直观、形象、生动。传统教学中讲解时间副词"就"时，一般会通过"我今天早上7点就吃早饭了"这种句子直接展示，并以此讲授"就"表达时间早的语义，以及"就"的句法位置是主语之后、谓语之前等内容。但是，在多媒体超文本模式下，我们可以打破这种单一的讲解方法，从"就"表达时间早的语义出发，进行引导式教学。我们可以在屏幕上依次展示如下语言信息：吃饭——什么时候——7点——早吗——很早——7点就吃早饭——我今天早上7点就吃早饭了。

这里的文本媒体其实已经营造了一个"吃早餐"的语境，只不过不是以教师口语表达的方式展现，而是通过引导式词汇调动学生的联想能力来创设一个事件场景。这种方式既可以节约教师的讲授时间，也不需要教师过多考虑解释性语言的可理解与否，还能更加直观地抓住语义重点。另外，在字号的设置上，教师可以将"我今天早上7点就吃早饭了"中的"就"以大号字体显示出来，也可以根据学习者的年龄特点有选择性地在字号加大的情况下，使用颜色字体，从句法和语用上凸显"就"的使用条件。

图像在汉语教材中也较为常用，多媒体环境下的图像除了成像质量更高之外，还可以根据需要在其四周适时添加文字，使得图像和文字更好地融合为一个有机体。常见的图文组合有图左文右、图上文下等排列方式，戴黎红（2008）通过实证研究发现图左文右的效果优于图上文下，这可能与大脑的信息加工方式有关，我们大脑的左半球与抽象思维相关，文字识别就由左半球控制，大脑的右半球与形象思维有关，在分析画面上占有优势。图左文右的排列与大脑左右半球的分布具有一定的方向一致性，因此图左文右相较于图上文下可能更符合我们的认知生理特点。

还是以"我今天早上7点就吃早饭了"为例，我们可以用一张早上钟表为7点的照片和一张有人物出现并在吃早餐的图片将时间和事件联系在一起。此时，在图片右侧可以展示句子"我今天早上7点就吃早饭了"。图片的来源较为广泛，既可以是教材中的图片，也可以是教师自行拍摄的照片，没有特别限制，操作起来也较为便捷。

视频媒体可以通过连续性的画面来呈现动作、场景等一系列信息，能够调动学生的认知，帮助他们理解和掌握抽象的内容。时间副词"就"之所以难教难学，很重要的一个原因是它的语法意义过于抽象，加之其义项较多，使得学生掌握和运用难度较大，《现代汉语八百词》（增订本）中作为时间副词的"就"就有三个义项，视频教学的优势在时间副词"就"的教学上得以凸显。视频教学材料既可以为网上已有视频，也可以是就地取材，即教师安排学生拍摄相关视频，如此还能加强学生的参与感，其学习效果也会更好。

仍然以"我今天早上 7 点就吃早饭了"为例，教师可以拍摄一段视频教学材料，创设如下语境：两名学生讨论吃早饭的时间。具体对话设计如下：

A："你吃早饭了吗？"

B："吃了，你呢？"

A："我也吃了，我 8 点吃的，你几点吃的？"

B："我 7 点就吃了。"

上述视频以对话形式呈现，也可以不使用对话，但是视频画面中需要出现体现时间之早的多种元素，相较而言就增加了视频选择和拍摄的难度。

需要注意的是，在视频中加入字幕优于不加字幕，而且可以根据教学需要，在视频播放过程中有选择性地采用间歇式播放，比如可以在"我 7 点就吃了"前面暂停播放以引起学生重视，最后再强调"就"的使用条件。视频还可以多次播放，以增加学生的可理解输入。

在这一节中，我们结合文本、图像、视频三种媒体展示了多媒体技术在对外汉语时间副词"就"的教学中的运用。实际上，随着信息技术的发展，教学中可利用的多媒体资源愈加丰富，汉语教师可根据实际教学需要充分利用各种多媒体资源以辅助教学。

53. 时间副词的慕课（MOOC）教学应如何进行？

"慕课"译自"MOOC"（Massive Open Online Course），即大规模开放式网络在线课程。随着信息技术的迅猛发展，以及"汉语热"时代的到来，传统的线下课堂教学已经无法满足全球汉语学习者的需求。慕课在时地以及学生数量、年龄等方面限制较小，班级学生数量不再受制于实体教室大小，无论在世界的哪个角落，只需要网络互通就可以在线学习。同时，班级的设置也不再因年龄、国别等因素而有所差别，只要学生水平符合相应课程条件，且课程在开放期，学生就可以随时随地选择加入课程进行学习。由此可见，慕课教学为汉语的国际化传播带来了机遇，也带来了挑战。

慕课一般以微视频形式呈现，视频长度一般为 5～10 分钟，具有明确的教学目标和主题，内容短小精练，可以清楚地说明某个语言点、某个问题或者某个主题。一个微视频就是一个完整的教学环节，而不是从整段课堂教学中截取的一个片段。因此，微视频的设计与制作是慕课教学的核心。

线下汉语语法课堂一般包含复习、导入、展示、讲解、操练等环节，但是线上慕课教学每一节都围绕某个语言点、某个问题或某个主题展开，由于时长限制，所讲内容与前后节慕课之间的关联度并不明显。因此，慕课教学基本围绕语法导入、语法展示、语法讲解和语法操练等环节展开，我们在制作慕课微视频时，可以参照上述教学步骤。

微视频的语法导入应具有以旧带新的特点，同时也应具有快速直接的特点，以此帮助学生在已有知识的基础上快速进入新知识的学习，激发其学习热情。

语法展示和讲解首先对语法点进行展示，其次通过举例的方法对语法点的意义、用法等进行解释和说明。

语法操练的主要目的是通过练习来巩固所学知识，慕课的语法操练还可以丰富学生的交际场景，使学生能够将所学语言点灵活地运用于实际生活，同时也能够帮助学生达到自我检验的目的。值得一提的是，微视频教学是单向输出式教学，教师无法跟学生在视频教学中互动，因此语法操练以填空、选择、判断正误等答案唯一的客观性试题为宜，角色扮演、小组讨论、看图说话等则不适用于慕课教学。

时间副词是现代汉语副词系统中的一个次类，成员数量多，个性强，在对外汉语教学中不适宜作为专题进行讲解。我们在"中国大学 MOOC"上面也没有搜索到以对外汉语时间副词为主题的语言教学课程，但是这并不意味着对外汉语时间副词不能够使用慕课进行教学。事实上，我们可以使用慕课对近义时间副词进行教学，并且可以在此基础上录制一批比较近义时间副词的教学微视频。

时间副词"才"和"就"的用法比较是初级阶段汉语语法教学的主要内容之一，下面我们以时间副词"才"和"就"为例，展示慕课教学微视频应如何设计，教学内容见表 53-1。

表 53-1 "才"和"就"的慕课微视频教学内容

教学步骤	微视频内容	说明
语法导入	（1）教师开门见山地说："大家好，今天我们来学习'才'和'就'的不同。" （2）情境视频：小王和小张早上起床的场景。小王早上 6 点钟起床，小张早上 10 点钟起床。小王说："我早上 6 点钟____起床了。"小张说："我早上 6 点钟____起床。"教师问："小王和小张这两句话应该怎么说呢？"	快速引入主题，明确学习内容；调动学习者的学习热情，激发学习者的学习动机。
语法展示和讲解	教师借助图片或视频动画，解释"才"和"就"在表示时间早晚上的异同，并通过实例讲解其句法、语义、语用条件。	先演绎，后归纳。
语法操练	通过图片或视频动画进行填空或选择练习，学生回答正确才能进入下一题，题目数量为 5～10 个。	学习者自查。

在慕课教学中，只观看完视频并完成嵌入式练习，不能算作学习过程的结束，还需配以作业或考试形成闯关模式，学生只有完成了作业或考试，才可以进入下一阶段的学习。如果学生在学习过程中有疑惑，还可以在课程讨论区与教师以及其他学生进行互动交流。

54. 如何使用任务型教学法进行时间副词教学？

任务型教学法于二十世纪八十年代在欧美盛行，二十一世纪初开始应用于汉语第二语言教学中。交际法过于重视交际中的意义交流，忽视语言形式的作用，因此，任务型教学法提倡形式与意义相结合，提出了"做中学""用中学"的教学理念，"一方面注重语言形式，聚焦结构、辨认句型；另一方面完成语言使用任务，把语言形式融入语言行为中"（刘壮、戴雪梅、阎彤等，2007）。

那么到底什么是"任务"？简单说来就是人们在日常生活中需要运用语言来完成的交际活动，这也意味着语言教学活动需要围绕真实语言交际展开。刘壮、戴雪梅、阎彤等（2007）认为，任务型教学中的"任务"有两方面内容：一是目标任务，即存在于现实世界中的二语学习者日常生活中可能遇到的、需要完成的语言使用任务，以及对完成任务时需要学习者所具备的语言能力进行分析而得出的那些任务；二是教学任务，即存在于教学环境中的以目标任务为蓝本、基于二语习得推导而出的那些任务。

在汉语教学课堂中，教师更应该关注教学任务。任务型教学法的教学以任务统领课堂，教学分为三个阶段：任务前、任务中、任务后。学习者通过接触语言、学习语言和使用语言执行或完成这些任务，因此，任务的设计至关重要。刘壮、戴雪梅、阎彤等（2007）认为，Prabhu（1982）提出的三种教学任务类型可以应用在对外汉语教学中，分别是：信息差任务，即学习者在使用目标语进行信息交流时，各方只拥有信息的一部分，必须通过双向交际才能获得完整信息，并完成语言使用任务；观点差任务，即学习者针对特定话题或情境，在不知道他人感受和态度的情况下表达个人观点，并通过沟通交流进行意义协商，以互相了解；推理差任务，即学习者利用已知的有限信息进行推理。

刘壮、戴雪梅、阎彤等（2007）还介绍了其他一些任务类型，主要有：陈述式任务，比如让学生根据一组图片，通过意见交换，共同讲述一个故事；拼版式任务，比如给学生部分乱序的句段信息，要求其组成完整的篇章；比较型任务，比如让学生对相似事物进行比较，分析其异同点、优缺点等；决定式任务，比如让学生对所提供的几种选项进行讨论、商议，并做出决定；解决问题式任务，比如向学生说明社会生活中经常出现的问题，或由学生自己提出问题，并通过沟通协商获得解决问题的可行方案。

由此可见，任务型教学法的任务类型在理论发展和教学实践中不断丰富，我们在对外汉语时间副词教学中也可以借鉴上述任务类型，运用任务型教学法开展教学活动。接下来，我们以一个例子来展示任务型教学法在时间副词教学中的具体应用，这个案例针对多功能副词"就"。

案例："就"。

"就"是现代汉语中的一个多功能副词，既可以做时间副词，也可以做范围副词和语气副词，在本书第三部分我们专门讨论了"就"的相关问题。为了将时间副词"就"与其他副词"就"区分开来，我们可以设计如下任务：讨论老王跳舞这件事。

（一）任务前

（1）明确学习目标，引发学生的学习动机。教师可以通过图片或陈述向学生提供一些背景信息或者故事情节：老王是一名退休人员，他所居住的小区都是同单位的退休人员，为了丰富退休生活，小区里组织了老年舞蹈队。老王为了能与老同事们更多地沟通和团聚，也报名参加了舞蹈队。但是由于缺乏热爱，老王之前不愿意过多参加练习，迟迟没能学会跳舞。舞蹈队近期要参加比赛，目前只有老王不会跳舞，同事们在议论舞蹈队和老王不会跳舞这件事。为此，老王觉得很不好意思，他最近发愤练习，快要学会跳舞了。现在请你以老王同事的视角说出老王跳舞的故事。

（2）教师为学生提供"名词／代词＋就＋动词（＋宾语）、就＋名词／代词＋动词（＋宾语）"等结构，并给出相关结构的示例（如：妈妈叫小明不要去超市买东西，小明说"我就去！"；其他同学都已经到了，就小明没到；马上放暑假了，小明就要回国了），使学生明确结构的形式、意义及功能。

（二）任务中

（1）给学生分组，要求学生共同讨论以完成任务。

参考目标语段：

老王是一名退休人员，所居住的小区里的退休人员都是他以前的同事。为了丰富退休人员的日常生活，小区里组织了老年舞蹈队，为了能够跟老同事们多沟通和多交流，本不擅长跳舞的老王也加入了舞蹈队。最近舞蹈队要去参加比赛，大家在讨论老王不会跳舞的事情。我们知道目前舞蹈队内，就老王不会跳舞。其他同事都说老王可能并不热爱跳舞，只是想跟老同事们热闹热闹，之前练习的时候，老王就不跳舞。因为马上要去参加比赛了，老王不想拖大家后腿，所以他最近发愤练习，马上就要学会跳舞了。

（2）小组汇报，要求每组派一名代表向全班展示任务成果。

（三）任务后

（1）语言分析。师生一起归纳与任务相关的生词和格式，教师对任务汇报中出现的偏误进行分析。

（2）语言练习。教师引导学生朗读汇报中所用到的典型句，帮助学生记忆"就"的多功能用法及其区别。

（3）延伸任务。作为舞蹈队队长，请你将老王与舞蹈的故事写下来。（由"说"的任务延伸为"写"的任务。）

55. 如何设计时间副词的练习？

在语言教学过程中，只有语言点的讲解是不够的，必须要配以相应的练习，练习设计会直接影响教学效果。好的练习可以为语法点讲解提供补充，让学生更好地理解并掌握语法点，达到强化和提高的目的。

练习的设计需要考虑"练什么"和"怎么练"这两个问题，在对外汉语时间副词教学中，"练什么"这个问题已经非常明确，接下来教师则需要充分考虑"怎么练"这个问题。"'怎么练'关系到练习的方法、技术或手段。"（聂丹，2017）我们需要从教学行为的主体出发，充分考虑练习设计的思路、方法和手段，也就是说，我们需要重视教学对象的影响，包括学习者的汉语水平、母语背景、年龄等要素。

学习者的汉语水平决定着练习的难易度和复杂度。母语背景也一定程度上决定着练习设计的方式和方法，很多汉语学习者受到其母语负迁移影响，将汉语中的词汇与母语中的词汇简单一一对应，造成了很多偏误。母语背景不同，习得情况也会有所不同，因此在特定词汇的练习设计上也应有所不同。学习者年龄不同，认知水平也不同，练习设计应有所侧重。比如针对少儿的练习需要强调趣味性和画面感，练习活动要侧重游戏化；针对成人的练习则无须考虑这些因素，画面太多反而会起反作用。

整体看来，汉语时间副词的讲解和练习都需要遵循一定的内容顺序和认知顺序，是一个循序渐进的过程。聂丹（2017）认为这种渐进性可以从多个角度来体现，"比如，由浅入深，由易到难，由课内知识的巩固到课外能力的拓展，由语言知识到语言技能再到综合运用；再如，由机械性练习到活用练习，由较多控制的练习（如模仿）到较少控制的练习（如补充句子）再到无控制的练习（自由表达）等"。

现代汉语中的时间副词个性较强，同时，内部成员在功能上存在很多交叉之处，在练习设计上需要充分考虑时间副词的这些特点。目前，对外汉语教材中所包含的针对时间副词的练习种类多样，对于实际教学中的练习设计具有一定的指导意义。下面，我们将结合教材中出现的练习题型及时间副词的语法特点对时间副词的练习设计提出一些建议。

第一，时间副词通常在句中做状语，其句法位置及搭配关系需要通过练习来强化，这类练习有替换练习、位置选择练习、词语组句练习等。

1. 替换练习

A：他在干什么呢？

B：他在看电视呢。

  跳舞

  打电话

  写作业

2. 位置选择练习

A 早上 9 点 B 他 C 起床 D 。 （才）

A 晚上 8 点 B 他 C 睡觉 D 了。（就）

3. 词语组句练习

一直 他 努力 学习 很

爱 他 一直 着 她

在 他 看 一直 电视

第二，时间副词的语义制约着其出现的句法和语用环境，因此要从语义出发掌握时间副词使用的基本语义条件，同时结合句法和语用全面掌握时间副词的用法。全面掌握时间副词的用法不只需要从单个时间副词入手，还需要注意易混淆时间副词的异同，并通过特定的练习加以分辨，这类练习有选词填空、模仿造句、改写句子、回答问题、近义词表达、易混淆词辨析等。

1. 选词填空

又、再

你明天（　　）来吧。

他说他刚才（　　）喝了一杯奶茶。

2. 模仿造句

例：我吃早饭。→我吃早饭了。→我已经吃早饭了。→我还没吃早饭。

（1）我们喝牛奶。

（2）我们毕业。

3. 改写句子

用"一下子"改写下面的句子，可以根据需要增加或者减少一些词语：

（1）踢足球不太难，我很快就学会了。

（2）他突然很快地跑出来，吓我一大跳。

4. 回答问题

你曾经去过哪些名胜古迹？（曾经）

5. 近义词表达

写出近义词：

常常——

立刻——

6. 易混淆词辨析

下面哪些句子中的"暂时"不能变成"一时"？

（1）公园从今天开始暂时闭园。

（2）这个问题有点难，他暂时回答不上来。

（3）我想暂时在家休整几天。

第三，对外汉语副词教学中，练习的设计要依据学生的实际汉语水平，遵循由易到难、由简到繁的设计顺序，在初级阶段应侧重机械性练习，并配以适量应用性练习，而到了中高级阶段，则应突出应用性练习。如在中高级阶段，可以让学生根据给定时间副词写出一段话，根据给定时间副词描述指定图片，用给定时间副词完成采访式任务，等等。

综上所述，练习是对外汉语时间副词教学中必不可少的一环。在练习设计过程中既需要考虑教学对象的汉语水平、母语背景、年龄层次等要素，还需要遵循二语教学和二语习得的一般规律，同时要注重练习的多样性、灵活性和趣味性，只有这样才能使练习充分有效地辅助课堂教学，达到相应的教学目的。

参考文献

白丁（1986）副词连用分析，《中南民族学院学报》（社会科学版）第 3 期。

白梅丽（1987）现代汉语中"就"和"才"的语义分析，《中国语文》第 5 期。

陈晓桦（2007）"在、正、正在、呢"的语义特征、句法功能及其教学次序，《语言与翻译》第 1 期。

戴黎红（2008）多媒体环境下对外汉语副词"就"的教学效果研究，华东师范大学硕士学位论文。

邓川林（2010）"总"和"老"的主观性研究，《汉语学习》第 2 期。

邓小宁（2002）"一直"与"一向"的多角度分析，《汉语学习》第 6 期。

董秀芳（2016）《汉语的词库与词法》（第二版），北京：北京大学出版社。

段业辉（1987）试论副词重迭，《南京师大学报》（社会科学版）第 1 期。

冯成林（1981）试论汉语时间副词和时间名词的划分标准——从"刚才"和"刚"、"刚刚"的词性谈起，《陕西师大学报》（哲学社会科学版）第 3 期。

付江（2007）"立刻"和"马上"的异同，《南开语言学刊》第 2 期。

龚千炎（1991）谈现代汉语的时制表示和时态表达系统，《中国语文》第 4 期。

龚千炎（1995）《汉语的时相时制时态》，北京：商务印书馆。

关键（2002）"一直""总""老"的比较研究，《汉语学习》第 3 期。

郭春贵（1997）时间副词"已经"和"都"的异同，《世界汉语教学》第 2 期。

郭风岚（1998）论副词"在"与"正"的语义特征，《语言教学与研究》第 2 期。

郭锐（1993）汉语动词的过程结构，《中国语文》第 6 期。

郝思瑾（2011）时间副词"快要"与"就要"的语义特征及主观化假设，《徐州工程学院学报》（社会科学版）第 5 期。

侯学超（1998）《现代汉语虚词词典》，北京：北京大学出版社。

胡明扬（1996）《词类问题考察》，北京：北京语言学院出版社。

皇甫素飞、郭筱旭（2014）过去类时间副词的偏误分析与教学策略，《西南民族大学学报》（人文社会科学版）第 11 期。

黄河（1990）常用副词共现时的顺序，载《缀玉集——北京大学中文系研究生论文选编》，北京：北京大学出版社。

黄露阳（2009）外国留学生多义副词"就"的习得考察，《语言教学与研究》第 2 期。

黄瓒辉（2001）时间副词"总"和"一直"的语义、句法、语用分析，暨南大学硕士学位论文。

贾改琴（2009）现代汉语时间副词的形式语义研究，浙江大学博士学位论文。

蒋静忠、魏红华（2017）"一直"与"总是"辨析，《中国语文》第 4 期。

蒋琪、金立鑫（1997）"再"与"还"重复义的比较研究，《中国语文》第 3 期。

金婷（2016）"一时"和"暂时"，《汉语应用语言学研究》。

赖先刚（1994）副词的连用问题，《汉语学习》第 2 期。

黎锦熙（1956）《新著国语文法》，北京：商务印书馆。

李敬国（1998）句主前时间副词特点分析，《社科纵横》第 5 期。

李勉（2018）汉英副词比较研究，华中师范大学博士学位论文。

李泉（1996）副词和副词的再分类，载《词类问题考察》，北京：北京语言学院出版社。

李泉（2002）从分布上看副词的再分类，《语言研究》第 2 期。

李少华（1996）现代汉语时间副词的分类描写，《荆州师专学报》第 4 期。

李姝（2007）试析同义词"常常"和"常"的习得，《成人教育》第 3 期。

李向农（1995）时点时段的内涵及构成与汉语社会的时间观念，《世界汉语教学》第 2 期。

李晓琪（2002）母语为英语者习得"再"、"又"的考察，《世界汉语教学》第 2 期。

李行健（2014）《现代汉语规范词典》（第 3 版），北京：外语教学与研究出版社。

李宇明（2000）《汉语量范畴研究》，武汉：华中师范大学出版社。

林华勇（2003）现代汉语副词研究回顾，《汉语学习》第 1 期。

林曙（1993）确定范围副词的原则，《上海师范大学学报》（哲学社会科学版）第 1 期。

刘佳（2009）多功能副词"才"的习得顺序及教学研究，复旦大学硕士学位论文。

刘守军、王恩建（2019）"总是"和"老是"的对比研究，《海外华文教育》第 4 期。

刘顺（2003）《现代汉语名词的多视角研究》，上海：学林出版社。

刘月华、潘文娱、故韡（1983）《实用现代汉语语法》，北京：外语教学与研究出版社。

刘壮、戴雪梅、阎彤等（2007）任务式教学法给对外汉语教学的启示，《世界汉语教学》第 2 期。

陆俭明（1980）汉语口语句法里的易位现象，《中国语文》第 1 期。

陆俭明（1982）现代汉语副词独用刍议，《语言教学与研究》第 2 期。

陆俭明、马真（1999）《现代汉语虚词散论》，北京：语文出版社。

吕叔湘（1956）《中国文法要略》，北京：商务印书馆。

吕叔湘（1999）《现代汉语八百词》（增订本），北京：商务印书馆。

马庆株（1991）顺序义对体词语法功能的影响，《中国语言学报》第 4 期。

马庆株（1992）《汉语动词和动词性结构》，北京：北京语言学院出版社。

马真（1981）修饰数量词的副词，《语言教学与研究》第 1 期。

马真（1982）说"也"，《中国语文》第 4 期。

马真（2003）"已经"和"曾经"的语法意义，《语言科学》第 1 期。

马真（2016）《现代汉语虚词研究方法论》（修订本），北京：商务印书馆。

聂丹（2017）对外汉语教材中练习的目标与方法，《汉语学习》第 4 期。

聂建军、尚秀妍（1998）说"刚"和"刚才"，《汉语学习》第 2 期。

宁晨（2010）对外汉语教学中的特殊近义词考察——以"刚"、"刚才"与"刚刚"的多角度辨析为例，《海外华文教育》第 1 期。

潘国英（2012）总括副词"都"与时间副词的共现语序，《对外汉语研究》。

彭湃、彭爽（2004）"每每"与"往往"、"常常"，《成都大学学报》（社会科学版）第 2 期。

齐沪扬（1987）浅谈单音节副词的重叠，《中国语文》第 4 期。

齐沪扬、张谊生、陈昌来（2002）《现代汉语虚词研究综述》，合肥：安徽教育出版社。

屈承熹（1991）汉语副词的篇章功能，《语言教学与研究》第 2 期。

邵敬敏（1997a）从"才"看语义与句法的相互制约关系，《汉语学习》第 3 期。

邵敬敏（1997b）论汉语语法的语义双向选择性原则，《中国语言学报》第 1 期。

邵敬敏（2004）"语义语法"说略，《暨南学报》（人文科学与社会科学版）第 1 期。

沈家煊（2001）语言的"主观性"和"主观化"，《外语教学与研究》第 4 期。

史金生（1993）时间副词"就""再""才"的语义、语法分析，《绥化师专学报》第 3 期。

史金生（2002）动量副词的类别及其选择性，《第七届国际汉语教学讨论会论文选》。

史金生（2003a）情状副词的类别和共现顺序，《语言研究》第 4 期。

史金生（2003b）语气副词的范围、类别和共现顺序，《中国语文》第 1 期。

史金生（2011）《现代汉语副词连用顺序和同现研究》，北京：商务印书馆。

史金生、胡晓萍（2004）动量副词的类别及其选择性，《语文研究》第 2 期。

史锡尧（1988）论副词"也"的基本语义，《世界汉语教学》第 4 期。

史锡尧（1990a）副词"都"语义语用综合考察，《汉语学习》第 4 期。

史锡尧（1990b）副词"又"的语义及其网络系统，《语言教学与研究》第 4 期。

史锡尧（1991）副词"才"与"都"、"就"语义的对立和配合，《世界汉语教学》第 1 期。

史锡尧（1993）副词与哪些语言单位组合，《云梦学刊》第 2 期。

史锡尧（1996）"再"语义分析——并比较"再"、"又"，《汉语学习》第 2 期。

寿永明（2002）"常常"与"往往"的语义语法特征，《浙江师范大学学报》（社会科学版）第 2 期。

宋晓娟（2008）时间副词用于肯定与否定的对称与不对称现象的研究，陕西师范大学硕士学位论文。

唐善生（2011）副词"从来"的语义及其句法特征，《汉语学习》第 4 期。

唐为群（2006）副词"原来"的多角度考察，《长江学术》第 4 期。

唐为群（2007）"从来"和"从来"句，《语言研究》第 3 期。

唐依力（2011）"立刻"和"马上"的功能差异，《湖州师范学院学报》第 4 期。

脱傲（2006）时间副词在对外汉语教学中的句法语义分析，《北京理工大学学报》（社会科学版）第 5 期。

脱傲（2007）频度副词在第二语言教学中的应用分析，《北京理工大学学报》（社会科学版）

第 2 期。

王灿龙（2017）"总是"与"老是"比较研究补说，《世界汉语教学》第 2 期。

王红斌（2004）后时间副词作状语的事件句和非事件句，《山西师大学报》（社会科学版）
    第 2 期。

王还（1992）漫谈汉语一些副词，《语言教学与研究》第 1 期。

王还（1998）也说"刚"和"刚才"，《汉语学习》第 5 期。

王力（1943—1944）《中国现代语法》，北京：商务印书馆。

王力（1984）《王力文集》（第一卷），济南：山东教育出版社。

王敏凤（2015）频率副词"还"、"再"、"又"重复义之比较，《语文建设》第 23 期。

王志（1998）时间副词"正"的两个位置，《中国语文》第 2 期。

旺盛（1991）也谈"刚刚"和"刚才"，《语文教学与研究》第 10 期。

温锁林（2001）《现代汉语语用平面研究》，北京：北京图书馆出版社。

文炼、胡附（1984）汉语语序研究中的几个问题，《中国语文》第 3 期。

吴春相、丁淑娟（2005）现代汉语频率副词的层级和语义研究，《汉语学习》第 6 期。

吴中伟（2014）从语用平面看"刚"和"刚才"充当状语的差异，《国际汉语教学研究》第
    3 期。

谢成名（2009）从语义范畴的角度看"刚"和"刚才"的区别，《世界汉语教学》第 1 期。

辛永芬（2001）留学生在使用"已然"类时间副词和"了"共现与否时的偏误分析，《河南大
    学学报》（社会科学版）第 4 期。

邢福义（1962）关于副词修饰名词，《中国语文》第 5 期。

邢福义、丁力、汪国胜等（1990）时间词"刚刚"的多角度考察，《中国语文》第 1 期。

徐国玉（1994）时间副词状语与述补短语的语义关系略论，《延边大学学报》（社会科学版）
    第 3 期。

晏婧（2015）现代汉语频率副词"一再"和"再三"的比较研究，吉林大学硕士学位论文。

杨德峰（2002）试论副词作状语带"地"的问题——兼论重叠式副词作状语多带"地"的动
    因，《暨南大学华文学院学报》第 3 期。

杨德峰（2006）时间副词作状语位置的全方位考察，《语言文字应用》第 2 期。

杨荣祥（2019）从语法表现看副词"已经""曾经"的差异，《汉语学报》第 3 期。

杨荣祥、李少华（2014）再论时间副词的分类，《世界汉语教学》第 4 期。

杨淑璋（1985）副词"还"和"再"的区别，《语言教学与研究》第 3 期。

杨峥琳（2010）时间副词"顿时"的多角度分析，《云南师范大学学报》（对外汉语教学与研
    究版）第 6 期。

杨智渤（2013）"通常"与"常常"的凸显差异，《汉语学习》第 3 期。

尹洪波（2011）《否定词与副词共现的句法语义研究》，北京：外语教学与研究出版社。

于根元（1991）副 + 名，《语文建设》第 1 期。

袁毓林（1995）词类范畴的家族相似性，《中国社会科学》第 1 期。

袁毓林（2002）多项副词共现的语序原则及其认知解释，载《语言学论丛（第二十六辑）》，北京：商务印书馆。

岳中奇、庄艳（2014）"常常"与"往往"在中介语中的偏误诱因及其矫正策略，《南昌大学学报》（人文社会科学版）第 5 期。

张斌（2001）《现代汉语虚词词典》，北京：商务印书馆。

张斌（2010）《现代汉语描写语法》，北京：商务印书馆。

张国宪（1995）现代汉语的动态形容词，《中国语文》第 3 期。

张国宪（1998）现代汉语形容词的体及形态化历程，《中国语文》第 6 期。

张隽（2016）对外汉语慕课教学设计研究，广东外语外贸大学硕士学位论文。

张莉（2018）初级汉语语法教学的策略与设计，载《汉语进修教育名师演讲录》，北京：外语教学与研究出版社。

张琪（2014）现代汉语重叠式频率副词研究，南京林业大学硕士学位论文。

张亚军（2002a）《副词与限定描状功能》，合肥：安徽教育出版社。

张亚军（2002b）时间副词"正"、"正在"、"在"及其虚化过程考察，《上海师范大学学报》（哲学社会科学版）第 1 期。

张言军（2006）现代汉语时间副词研究，四川大学硕士学位论文。

张言军（2008）时间副词与动词重叠式的组合考察，《乐山师范学院学报》第 6 期。

张谊生（1996a）副词的连用类别和共现顺序，《烟台大学学报》（哲学社会科学版）第 2 期。

张谊生（1996b）副词的篇章连接功能，《语言研究》第 1 期。

张谊生（1996c）现代汉语副词"才"的句式与搭配，《汉语学习》第 3 期。

张谊生（1999）现代汉语副词"才"的共时比较，《上海师范大学学报》（哲学社会科学版）第 6 期。

张谊生（2000）《现代汉语副词研究》，上海：学林出版社。

张谊生（2001）论现代汉语的范围副词，《上海师范大学学报》（哲学社会科学版）第 1 期。

张谊生（2003）从"曾经"的功能扩展看汉语副词的多能性，《汉语学习》第 5 期。

张谊生（2004）《现代汉语副词探索》，上海：学林出版社。

张谊生（2010）《现代汉语副词分析》，上海：上海三联书店。

张谊生（2014）《现代汉语副词研究》（修订本），北京：商务印书馆。

张谊生（2017）《现代汉语副词阐释》，上海：上海三联书店。

张谊生、邹海清、杨斌（2005）"总（是）"与"老（是）"的语用功能及选择差异，《语言科学》第 1 期。

赵彦春（2001）副词位置变化与相关的句法—语义问题，《汉语学习》第 6 期。

赵元任（1979）《汉语口语语法》，北京：商务印书馆。

赵元任（1980）《中国话的文法》，香港：中文大学出版社。

中国社会科学院语言研究所词典编辑室（2017）《现代汉语词典》（第 7 版），北京：商务印书馆。

周刚（1994）说"再"，《汉语学习》第 3 期。

周丽颖（2007）时间副词作定语分析，《汉语学习》第 2 期。

周利芳（2002）谈对外汉语副词教学中的语境利用，《语言教学与研究》第 3 期。

周小兵（1994）"常常"和"通常"，《语言教学与研究》第 4 期。

周小兵（1999）频度副词的划类与使用规则，《华东师范大学学报》（哲学社会科学版）第 4 期。

周小兵、薄巍（2017）时间副词"才"与句尾"了"共现偏误的跨语言分析，《华文教学与研　　究》第 1 期。

周小兵、邓小宁（2002）"一再"和"再三"的辨析，《汉语学习》第 1 期。

周晓冰（1993）充当状语的"刚"和"刚才"，《汉语学习》第 1 期。

朱德熙（1982）《语法讲义》，北京：商务印书馆。

朱景松（1998）动词重叠式的语法意义，《中国语文》第 5 期。

朱庆祥（2017）"快要……了""就要……了"与时间状语搭配问题，《世界汉语教学》第 4 期。

邹海清（2004）频率副词"时时"与"不时"的语义区别，《云南师范大学学报》（对外汉语　　教学与研究版）第 4 期。

邹海清（2008）"时时"、"不时"、"时不时"的句法语义分析——兼谈其在频率副词系统中的　　地位和作用，《汉语学习》第 6 期。

邹海清（2009）"一向"与"一直"的功能差异，《海外华文教育》第 4 期。

邹海清（2010）从时间词的功能看其范围和类别，《华文教学与研究》第 1 期。

Prabhu, N.S. (1982). *The communicational teaching project, South India*. Madras, India: The British　　Council.